兴废与进退

思古论今集

王三义 著

上海社会科学院出版社
SHANGHAI ACADEMY OF SOCIAL SCIENCES PRESS

自　序

几年前出版过一个文集，取名《学问与饭碗》，意在说明：追求学问难，保住饭碗也不易，经常徘徊在被动选择的困惑中。近些年，我的认识是：普及世界史知识比研究世界史更重要。于是，把一部分精力用于撰写通俗的文章。不知不觉也有数十篇，足以凑成一个文集。这些文章谈论的话题涉及面较宽，帝国政治、西化改革、百年变迁、文化交流，不一而足，属于散论。大致有一个主题：国家盛衰、制度兴废与社会进退。取现在的书名，基本反映文集的内容。

朱夅有一副对联："饭疏对客有豪气，烧叶读书无苦声"，那种境界我暂时理解不透。只是数十年在读书，还没找到别的爱好。有时也想，从书本中获得信息是不够的，必须读懂这个熙熙攘攘的利欲世界。自己悟性不高，非但未能"洞明世事"，反而被"世事"弄迷糊了。至于人情，这辈子不可能"练达"，只要不被人情牵累，就算幸运。睁大眼睛看俗世，忍不住反观自己的迂腐，倒有一些感悟。给学生讲世界史，感到世界史的重要。偶尔出国，在国外看到中国游客奔赴“名牌村”购物的场面，感到吃惊。华夏文明古国的子孙，多少人有兴趣了解“外国的”历史？外国的博物馆除了供自己拍照留影，还有什么用场呢？

一个普通的大学教师，讲课、完成科研任务，就已经对得起所领的一份工资。如果有“非分之想”的话，那就是把自己读书的感悟和专业角度的思考与更多的人分享。课堂上讲授的毕竟有局限，一是课时有限，二是题材不能超出教学大纲。关键是，本科生要考研，你讲的要对学生将来考研有用处；硕士生要考博士，你讲的最好对他们写论文和考博士有用，否则会“贻误”学生的前程。因此，必须时时考虑控制自己在教材外的“发挥”。如果有“溢出”的思考，就得寻找另外的途径。这本文集中的文章，有的在网络上发表过，有的在刊物刊出过，有的一直放在文件夹里，从未示人。拿出来，目的是面对其他读者，希望更多的人阅读和了解。

表明出版这本文集的原委，算是自序。

目 录

第二辑　帝国背影

第三辑　百年一瞬

第四辑　史海拾零

第一辑　旧题新解

概念与史实:世界近代史的细节

法国著名史学家布罗代尔认为,历史是由深层结构(地理环境等“长时段”综合因素)决定的,而政治事件仅仅是稍纵即逝的“浪花”。依我看,历史轨迹的改变,往往就是这些“浪花”造成的。正是这些稍纵即逝的“浪花”,打翻了一艘又一艘的历史航船。

历史的演进虽复杂,却不见得非要长篇论著才能讲明白。自“国家”诞生以来的历史,无非是这样一些“悲喜剧”:有的小国崛起为大国,有的大国衰弱、瓦解变成小国;有的国家因为弱小而消亡,有的国家因为庞大而崩溃;有的国家被外来力量所消灭,有的国家因内乱而灭亡;有的国家延续数千年而进步有限,有的国家短短一两百年却气吞山河。而且,国家间的较量从没有停息,也不会停息,只是改变着争斗的花样。有的国家得利,有的国家受辱;有的国家侵略,有的国家丧权。

国家的兴衰没有规律,国家之间的较量也没有模式。古代也有“世界舞台”,比如“地中海世界”,比如唐帝国和周边藩属国构成的“天下”，但那时的“世界”毕竟有限，舞台不大，16—19 世纪才逐步形成真正意义上的“世界”，舞台很大，多国表演，你方唱罢我登场。

当然，对中国和其他亚非拉国家而言，在 19 世纪的世界舞台上充当着伤心的角色，有着屈辱的经历。比如，“中国近代被迫签订了一系列丧权辱国的不平等条约”，这句话中所包含的不仅仅是对那段历史的判断，还包含着情绪。我们的教科书中，“近代中国”和“近代世界”是两种话语体系。讲到中国近代的不平等条约，心情很难平静。世界近代史主要讲外国，提到条约，语气要冷静得多，如：“对××国而言，这是一个丧权辱国的不平等条约。”显然，“丧权辱国”这个词放在哪个弱国都适用，可是，在世界近代的大背景下看大大小小的“不平等条约”，就会发现情况很复杂：有的不平等条约“辱国”却未“丧权”，有的虽“丧权”却未“辱国”；有的既“辱国”又“丧权”；有的条约在统治者看来虽“让权”却“利国”甚至“荣国”。

我们耳熟能详的《中英南京条约》，是“中国历史上第一个丧权辱国的条约”。割让香港岛、开放口岸、赔款，确实丧权了，但清王朝在条约签订后“弹冠相庆”，因为“略施小计就把英国鬼子糊弄出去了”，清朝的当政者似乎觉得，这一次是“利国”甚至“荣国”了。

奥斯曼帝国史上 1699 年签订《卡洛维茨条约》，这是一个“丧权辱国”的条约，这个条约是奥斯曼帝国由盛转衰的标志。在世界近代史和奥斯曼帝国通史中，对《卡洛维茨条约》的表述和中国近代史中对《中英南京条约》的表述几乎一样。因为这两个条约对两个东方帝国的影响也是相似的。不过，细究起来，两个条约有着本质的不同：土耳其人向外扩张侵略别国时打了败仗，而中国人则是受英国侵略，抵抗失败，被迫签约。前者属于咎由自取，后者是受害受辱。根据《卡洛维茨条约》而使奥斯曼帝国丧失的，并不是自己原有的领土，而是前任君主靠武力夺占别国的领土。也就是说，同样是“辱国”条约，前提不一样。

世界近代史上的众多条约中，除了大国之间妥协而签订的条约外，只要是强国与弱国签订的条约，即便弱国君主“自愿让步”，也是“不平等条约”。比如，克里米亚战争后签订的《巴黎条约》(1856 年)、处理巴尔干危机的《柏林条约》(1878 年)，在欧洲大国的政治家看来，他们费尽周折才化解冲突，为世界和平作出了贡献。但是，被条约“肢解”了的国家，连表达屈辱情绪的机会也没有，“丧权辱国”的历史被淹没。至于英国与印度各土邦签订的条约，欧洲大国与非洲殖民地的条约，由于这些地区没有独立民族国家，无国可“辱”，对当地人民来说，是否“丧权”自己根本不知情。

显然，看世界近代的各类条约，应该弄明白这样一些问题：

第一，平等还是不平等要看“前提”。打了败仗，或在强权的炮口下，就是不平等；未打败仗，双方妥协，立约的国家之间是平等的，但被瓜分的国家是受害者，不能因签字国的平等幌子，掩盖它们丧权辱国的真相。

第二，“丧权”和“辱国”要分开来看。有的条约使国家受辱，但丧权并不多；有的条约使国家丧失很多权利，表面看维护了国家尊严，但是对签约国家会产生深远影响。这就取决于停战签约是权宜之计，还是为了国家长远利益，不能一概而论。

第三，评判战争之后签订的条约，要看战争是怎么发生的，为什么而战，战争胜负有没有外力起作用。例如，希腊人反抗奥斯曼政府，取得独立战争胜利，迫使奥斯曼政府接受《伦敦议定书》(1830年)，埃及总督穆罕默德·阿里挑战奥斯曼帝国政府遭到失败，被迫接受《伦敦协定》(1841年)，真是同"途"而"殊"归。希腊欢喜埃及愁，根本点在于欧洲大国支持反抗的一方，还是支持统治的一方。埃及总督恨奥斯曼苏丹，而希腊当政者感激英、法、俄等大国，他们不会觉得外国干涉奥斯曼帝国内政是坏事，没兴趣弄明白欧洲大国的双重标准。

放在世界史的视野下看，"辱国""丧权"的关系，可以引出两方面的思考：

其一，"辱国""丧权"往往是国家本身衰弱引起强国的觊觎、入侵，不过，我们常说的"落后挨打"，只涵盖了一个层面。因为，国家的落后和强大是相对而言的。任何历史时期，不可能所有国家一样强大，落后的国家的存在是常数，但未必会因落后而亡国。近代的屈辱换来的教训，应该有三条：一、内乱致弱的国家，容易成为强国的"猎物"；二、闭关锁国的结果，小则误国，大则亡国；三、当政者高估自己实力的国家，不是泰坦尼克号撞上冰山，就是拿破仑败于莱比锡。

其二，把"辱国"和"丧权"不加区分，往往带有特殊的意图。统治者掩饰"丧权"的事实，回避自己的政策失误，维护政权合法性或战争正当性；也有夸大条约“辱国”程度的情况，目的是换得臣民同情，转移国内视线。革命者反抗腐朽的政府，强调丧权条约的危害性，至于条约本身的前后因果，并不去追究。如果丧权辱国的条约仅仅换来长久的义愤，而不能提高国民对近代历史的深刻认识，那就太亏了。

改革本来不神秘

——世界史上的改革及其类型

我们这个时代，有多少人关注改革，没法统计；有多少人对改革发表意见，大体可以通过电子传媒迅速获悉。谈论改革的话题听多了、文章读多了，就有一种“被灌醉”的感觉。仔细回味，原来，不同地位、不同职业、不同处境的人对改革的期许和看法有那么大的差异。奇妙的是，由于谈改革的人的身份和职业不同，“改革”一词的含义和效用也显得多样。

领导人眼中的改革就像是国家大战略；官员眼中的改革就像看得见的政绩；媒体眼中的改革就像做广告；知识分子眼中的改革就像是纸上的“隆中对”；商人眼中的改革就像梦里数钞票；普通百姓眼中的改革就像传闻中的美味。

为什么要改革？到底要改革什么？如何改革？这是政治家的事，还是普通公民的事，我们还不好界定。但作为普通人，可以了解改革，认识改革，而足以让人们了解改革的史料很丰富。世界历史是一部文明史，一部战争史，也是一部改革史，没有改革，就没有进步。

说世界历史上的改革只有两种，很容易让人想到“成功”“失败”两种，其实，以成败论改革并不恰切。因为改革和打仗不一样。战场上的胜负就是所谓的成败，而改革不存在胜负，只存在“见效”还是“不见效”，达到了目标还是没达到目标，带来了“积极作用”还是“负面影响”。

世界历史上主要的改革，不外乎这样两种：一种是“拆旧房建新房”的工作；另一种是“治病疗疾”的工作。古希腊梭伦改革、战国时期秦国商鞅变法、俄国彼得一世改革、日本明治维新、土耳其凯末尔改革等属于前者。古罗马格拉古兄弟改革、罗马帝国戴克里先改革、宋代王安石变法、奥斯曼帝国西化改革、清末戊戌变法、阿富汗的阿马努拉改革等属于后者。

古希腊梭伦改革也被称为梭伦立法，通过解放债务奴隶的方式，扩大公民基础，并按财产划分等级，设立四百人会议，建立陪审法庭。梭伦改革开风气、立法度，再经过克里斯提尼改革、伯里克利改革，雅典最终确立民主制度。秦国君主任用商鞅也是确立法度，废井田制、推行县制、以军功授爵、重农抑商等措施，强制进行国家财富积累。俄国彼得一世创建新军，推行重商政策，健全行政机构，开办西式学校，迅速使俄国摆脱落后面貌。日本废藩置县、取消武士特权，四民平等，并殖产兴业、文明开化，实现富国强兵的愿望。凯末尔废除苏丹制、哈里发制，政教分离，确立国民议会的立法权，颁布现代法典，推行国家主导下的民族资本主义。这些都是改革取得显著成效的例子，它们的主要特点是，要么先拆除旧的再建设新的；要么就直接在空白处盖起新房子。

历史上有些改革是局部的改革，或短时间完成的改革，史书上仅仅简单提及，但这一类具体的甚至琐碎的改革，往往产生积极效用，或者长远影响。如凯撒的历法改革后，儒略历在欧洲使用 1 000 余年；汉朝赵充国的屯田法，发挥了长效的功用；唐代杨炎的两税法、明代张居正推行的一条鞭法，都曾收到良好效果；拿破仑制定的法典，成为欧洲大陆法系的蓝本；埃及穆罕默德·阿里改革，开创了埃及的现代化。

相比之下，那些“治病疗疾”的改革，效果好坏参半，往往能产生“止痛”的作用，但不能除掉病根。例如，古罗马格拉古兄弟改革，针对罗马共和国土地兼并、社会矛盾尖锐的严峻形势，提出土地法、粮食法、行省法等，格拉古兄弟被杀，部分法案保留下来。罗马帝国公元 3 世纪出现大危机，戴克里先为了挽救帝国，推行“四帝共治”，重新划分行省，统一税制、改革货币，暂时抑制了帝国的分裂趋势，却埋下更多隐患。中国宋朝政治腐败、国力衰弱、社会矛盾丛生，王安石受重用推行变法。从理论上看，王安石的改革措施是对症下药的好药方，但实践效果较差，可以说事与愿违。奥斯曼帝国晚期政治腐败、军事衰弱、经济萧条，整个帝国像一台锈迹斑斑、运转不灵的大机器。当政者厉行改革，出现多次改革的高潮，但未能解决根本的制度积弊。清王朝经受内外打击（太平天国和外国侵略），也经历所谓“同光中兴”，而甲午战败，这个帝国的腐朽暴露无遗，逼出了戊戌变法，但康有为等人志在兴利除弊的“一揽子计划”落空。阿富汗的阿马努拉改革目的是把阿富汗打造成一个现代国家，但改革的许多措施停留在纸上。

读历史书就是“朝后看”，史学研究者都是“事后诸葛亮”，这一点无需避讳。所以，我们可以慢慢坐下来谈论古人和前人的改革得失。

从世界历史上典型的改革事例中，可以总结出这样一些规律：

第一，改朝换代之后建立新制度比较容易，等社会肌体或国家机器出了大毛病才改革，难度一般都很大。

第二，越是目标宏大的改革，取得的实际效果越小，想一劳永逸的改革往往都达不到预期目标。

第三，如果“破旧”比较彻底，“立新”也较为顺利。很显然，拆了旧房子再盖新的，非但工程进展顺利，盖起的新房子也耐久。

第四，对“社会病”或“国体政体病”诊断失误，改革的措施越强硬越糟糕，但准确诊断病症，开出高明的处方，未必能治疗社会或国家的痼疾。

从另一个层面看，改革又像技术活。其一，改革的力度大小，靠的是操作；其二，改革是否起作用，靠的是配套措施；其三，改革起好作用还是坏作用，取决于相关条件；其四，改革哪些方面？社会病有哪些“症状”？要进行医生式的诊断；其五，何时进行改革？即“火候”的掌握或时机的把握，要靠智慧。

从历史经验看，国家改革的内容和范围包括经济改革（生产关系、分配关系调整）、政治改革（制度变革、法制建立、权力分配、管理方式的变动等）、文化改革、教育改革、军事改革、社会习俗改革等多方面。改革的方式，有自上而下用政令推行的，有自下而上逆向推动的；有偶然事件促成的改革，有长期谋划后的改革。改革的后果，有带来新气象的，有达到富国目标的，有达到富民目标的，有推动社会各方面繁荣的，有未起到任何作用的，也有越改越糟的。

根据不同的情况分析，“拆旧房建新房”的工作，比起修补、加固、裱糊的效果要好；“治病疗疾”的工作，也要看“病”（社会问题）严重不严重。病得严重，而且是恶性发展，改革也没用；病得较轻，能够治愈，就要看“医术”高明与否了，即要看改革家的能力大小，水平高低。若是需要“扶本除邪、固本扶阳”，你下了猛药，肯定要坏事。反之亦然。若是需要做手术切除，你慢慢用汤药，肯定不行。

改革如同治病，是要看时机的，错过了最佳治疗时间，神仙也救不了。比如，洋务运动时还在“体”“用”之间争来争去，不久等来了甲午之败。维新派尝试改变国体失败，八国联军来了。最后，当政者真的想实行宪政时，帝国倾覆了，历史不给满族当政者机会了。在亚洲另一头，奥斯曼帝国改革一个世纪，总是修修补补，就是不改变政治制度，到实行宪政时，帝国已经走向末路。

世界历史上的改革，西方和东方也有差异。

近现代西方国家的改革，特点是遇到问题随时改，随时调整，不会把问题积累到严重的程度。东方国家总是等问题成山、不改就难以前进的时候才决定改革。于是，一方面难题很多，着手改革就是大工程；另一方面，改革家总想一劳永逸、抄近路，或者迷信自己的魄力，一提起改革就成了大政方针，只许成功不许失败，信誓旦旦、轰轰烈烈，到最后收效不大。

文化交流中的“理解”问题

不同文化的跨界交流，“互通有无”并不难，难的是对外来文化的“理解”。

若不从“价值”“意义”着眼，而从具体细节着眼，明清时期的中西文化交流，能引起人兴趣的地方太多。比如，利玛窦在广东学的汉语，到北京后是如何交流的？传教士介绍中国，为何急于“全景展示”，名为《中华帝国志》《中华帝国史》《中华帝国纵览》《中华帝国全志》的书就有那么多？明朝或清朝的同一个事件，在传教士笔下竟有五花八门的解释。当中国人得知法国思想家伏尔泰、经济学家魁奈、德国科学家莱布尼茨推崇中国文化时，一定会感到惊喜。可是，把那些赞美之词放在一起，就会吃惊地发现：他们不仅说过头了，而且，他们理解的中国与真实的中国差距不小。再读徐光启和李之藻的书，原来他们对西方的认识和理解，也与实际有很大出入。

在伏尔泰看来，哲学家应为人类做出道德上的榜样、伦理上的训诲，西方古代哲学家没有做到，而中国古代哲学家做到了。这表明伏尔泰对孔子和儒学的把握大致不差。但伏尔泰又说，孔子“是人类的立法者，没有任何立法者比孔夫子曾对世界宣布了更有用的真理”。事实是，孔子的贡献无论多大，都与“立法”无关。伏尔泰认为中国的政治体制是完美的，他说：“在遥远的古代，中国人已相当先进，在别的国家，法律用以治罪，而在中国，则用以褒奖善行。”这个判断也有问题。伏尔泰承认中国在科学方面落后于西方，但他辩解：“他们（中国思想家）完善了伦理学，伦理学是首要的科学。”对于“焚书坑儒”这样的事件，伏尔泰说：“有一个名叫始皇帝的暴君确曾下令焚烧一切书籍，但这个荒唐而野蛮的命令却警告人们把书籍小心保存起来。”究竟是他对中国历史知识欠缺，还是有意回护，美化中国？

魁奈说了许多赞美中国的话，其中有这样的断语：“中国历代君主尽心竭力促进国家的繁荣，政府以为民造福为宗旨”；“中国的教育制度很好，教育是中国官吏的主要职责之一，他们教导百姓父慈子孝，服从官府，维护社会安宁与和谐”；“幅员辽阔的中华帝国的政治制度和道德建立在科学和自然法基础之上，这种制度是对自然法的发扬”。且不要说中国古代君主是否“尽心竭力促进国家的繁荣”，官吏是否把教育工作当职责，至少，中华帝国制度事实上并未建立在“科学和自然法”基础上。

无独有偶，从徐光启和李之藻的著作中，也能发现相似的情形。在徐光启看来：天主教义教化下的西洋诸国“千数百年以至于今，大小相恤，上下相安，路不拾遗，夜不闭户，其久安长治如此……此番景象俨然理想中的上古三代之治”。徐光启推崇天主教的理由是：“传教士所介绍的天主教是一种理想的宗教，这一宗教在西方实行了千年，使西方社会达到理想的治理。”实际上，中世纪的欧洲，一点也不太平，战乱频仍，生灵涂炭，根本不是什么理想社会。

这种情况，可称为对外来文化（或异国社会制度）的“误读”。细究起来，有客观上的因素，也有主观上的原因。可从以下三方面来分析：

首先，能否准确“理解”，取决于所输入的外来文化的信息是否完整。

西传欧洲的中国文化，包括四书五经，历史、地理书，中医知识，《道德经》，戏剧和小说，工艺品和绘画等。即使在出现“中国热”的那个阶段，欧洲人感兴趣的不外乎工艺品、服饰图案、建筑风格、园林等，吸引欧洲人的还有中国文人和官僚阶层的生活情趣，其实大多数是浅层次的。中国历史典籍那么多，介绍到欧洲的有限，中国古代思想，西方人接触到的也很少。文化信息不全面，填补的方式就是推测加想象。例如，伏尔泰的剧作《中国孤儿》中，主人公奚大美对丈夫说：“我们要学习那些自由人的榜样。要死要活都得自己作主张。”这是中国古代妇女能说出来的吗？奚大美毕竟不是法国贵族妇女，分明是伏尔泰偏爱中国道德和文化，添加了想象成分。

同样，传教士对欧洲美好社会的描述，吸引了徐光启和李之藻等中国士大夫，他们以此来推断整个欧洲国家。而利玛窦等传教士身体力行的“示范”，使徐光启他们深信天主教道德教化的良好效果。其实，传教士介绍来的西方文化，除了天主教教义，就是天文、地理、几何学、制图学等知识，西方完整的历史著作、大部头的文学作品，深奥的哲学著作并没有介绍进来（这才是中国真正需要的）。

其次，功利因素既是文化交流的动力，也是“理解”外来文化的障碍。

接受外来文化，或向外传播文化，都是从自身利益考虑，这是文化交流的动力之一。

不可否认，传教士的主要任务是传教，其次才是文化交流。把中国古代著作翻译为西洋文字，出于多种需要，研究中西文化交流的专家许明龙概括了五方面（提高汉语水平；准确把握中国人的思想以有利于传播教义；积累与中国文人交往的资本；帮助欧洲人进一步了解中国；证明自己在礼仪之争中的立场）。

伏尔泰作为思想家，他的启蒙理想是：文明战胜野蛮，理性战胜愚昧，公正获得维护，所以他笔下的成吉思汗被汉人的品格和儒家文化所感化。中国戏剧中宣扬的忠诚、献身精神、成仁取义，也是法国社会所需要的。魁奈有自己的经济学理论，他强调的是财富来源、自然法则，从中国的“重本抑末”“以农为本”政策中，他的理论似乎找到了佐证。由于文化接受者的目的性太强，要做到准确把握和深层理解不容易。

在中国，徐光启生活的时代，社会风气日益败坏。西方的天文、数学确实吸引了徐光启等人，但他们更多的是把天主教义作为道德改良的工具，想借外来宗教实现儒家入世的价值观，既是“经世致用”的考虑，也是功利的考虑。在徐光启和李之藻等人看来，天主教教义可以弥补儒学的欠缺，有益于挽救世道人心，所谓“补益王化，左右儒术，救正佛法者也”。几百年后，西方强国入侵，为了挽救危局而学习西方科技，开辟“洋务”，也是同一种功利思路，并非对西方文化的真正理解和吸纳。

其三，不同文化“对接”之后才遇到如何“理解”的问题，而交流双方所处的历史阶段与社会状况是“对接”的前提。

毫无疑问，不同文化“对接”，取决于多种因素。其中，时代和社会大气候决定文化的冷热、交流的深浅。伏尔泰时代，“中国风尚”在欧洲备受推崇，传教士介绍的并不全面的中国古典文化，欧洲人无论出于什么心态，都觉得中国文化好。到了18世纪后期，欧洲人的心态和追求发生了变化。一方面，随着海外扩张，西方人的兴趣转移到新发现的大陆，在华的传教事业衰落，“中国热”降温；另一方面，欧洲人对中国了解增多，新鲜感减退，中国的黑暗面逐渐暴露到西方人面前。同样是描写中国富庶的作品，马可·波罗13世纪的描述能激发欧洲人的热情，而传教士18世纪后期的描述，欧洲人觉得中国500多年没进步。

中国的情况也在变化。明朝中后期内忧外患，政治腐败，程朱理学已不适应社会需要，士大夫们出于强烈的社会责任感，努力寻找救国的灵丹妙药，西方的宗教和文化的传入恰逢其时。然而，清代康、雍、乾时期，无论尊孔还是吸收外来文化，目的都是维护满族人的统治，传教士要在中国固有的礼仪方面指手画脚，统治者决不宽容。这一时期已经没有传教士活动的自由空间，文化交流活动衰减，吸纳和“理解”外来文化无从谈起。

其四，固有的观念和偏见也妨碍了对异文化的“理解”。

狄德罗和费内隆对中国人和中国文化的贬斥最具代表性，狄德罗说：“处于半开化状态的中国人，是自以为了不起的野蛮人，是腐败透顶的人，他们比纯真和野蛮的自然人更糟糕……整个中华帝国如同一个大市场……那里的人卑劣、狭隘、利欲熏心、心胸狭窄而且狡诈……如果说世界上有一个最缺乏热情的民族，那就是中国人。”这些话是多么武断！不像是出自百科全书派的代表人物之口。费内隆则说：“据报道，世界上最虚荣、最迷信、最利欲熏心、最不公正的就是中国人……在中国，整个民族的准则就是撒谎，并且以善于撒谎自诩，人们对此毫不觉得羞耻……中国的瓷器好，不是人好，而是土好。纵然是人好，那也只是手艺人的雕虫小技……印刷术算什么，没有多大本事的手艺人就能发明。”不知道费内隆作这样的结论有何依据？

当然，以上所谈的文化交流和“理解”，只限于知识圈层，未涉及中国和欧洲的普通民众。普通中国人如何认识和理解西方，普通欧洲人如何认识和理解中国，资料不足，很难弄清楚。

“枳”“橘”之变:从“旅美派”看成才环境

“旅美派”这个词多数人陌生,但纪伯伦这位作家,爱好文学的人都知道。不了解外国文学,没读过《外国文学史》的人,在中东史书籍里也能获取信息。

“旅美派”又称“叙美派”,指“侨居美洲的叙利亚作家”。本来这些从事创作的侨民大部分来自黎巴嫩,但“黎巴嫩共和国”1943 年才成立(1946 年获得完全独立),历史上黎巴嫩是叙利亚的一部分,故而称“叙美派”而非“黎美派”。“叙美派文学”也被称为“阿拉伯侨民文学”。来自叙利亚、黎巴嫩的这些旅居美国、巴西、阿根廷的阿拉伯作家,用阿拉伯语和英语写作,还成立了文学团体,成就了有世界影响的“阿拉伯侨民文学”。其中,代表人物是纪伯伦(1883—1931),著名作家还有努埃曼(1889—1988)、艾布·马迪(1889—1957)、米沙勒·迈卢夫(米沙尔·马鲁夫,1889—1943)等。纪伯伦、努埃曼、艾布·马迪于 1920 年在美国纽约建立文学团体“笔会”,米沙勒·迈卢夫等作家于 1933 年在巴西圣保罗成立“安达卢西亚协会”,阿拉伯作家还于 1949 年在阿根廷成立“文学家协会”。

纪伯伦诗集的序言,或者某些外国文学史书籍中,介绍“旅美派文学”时有这样一句话:以纪伯伦作品为代表的阿拉伯侨民文学“是世界文学宝库中一朵绚丽的奇葩”。以前读到这句话,觉得很新颖,现在,“奇葩”一词被污损,读到这句话时,感觉还是称为“世界文学宝库里的一颗耀眼的明珠”,显得平实一些。

中国第一位介绍纪伯伦的作家是茅盾,而冰心翻译了纪伯伦的《先知》《沙与沫》。冰心认为纪伯伦可以与东方文坛巨匠泰戈尔相提并论,她盛赞纪伯伦作品。纪伯伦的作品,主要有小说、散文诗、韵诗,也创作过剧本,著名的作品如《草原新娘》(小说集)、《泪与笑》(散文诗集)、《折断的翅膀》(小说集)、《沙与沫》(诗集)、《先知》(哲理抒情诗集)等,内容非常丰富,风格独特,其作品充满哲理,语言清新,情感真挚。纪伯伦还是一位画家。一般评论家认为,纪伯伦拥有文学的世界、哲学的世界、艺术的世界。

纪伯伦的经典诗句,我曾抄录在笔记本上。如,“我希望我的生活永远是泪与笑:泪会净化我的心灵,让我明白人生的秘密和它的堂奥;笑使我接近我的人类同胞,它是我赞美主的标志、符号。(仲跻昆译《泪与笑》)”又如,“我永远在沙岸上行走,在沙土和泡沫的中间。高潮会抹去我的脚印,风也会把泡沫吹走。但是海洋和沙岸,却将永远存在。(冰心译《沙与沫》)”印象深刻。还有纪伯伦的名言:“我们不用伟大的尺度来衡量自由;人可以没有伟大而自由,但不可能没有自由而伟大。”“艺术的‘真’来自思想的自由和人格的独立。”

除了纪伯伦，努埃曼的贡献也不小。他不仅有大量小说、诗歌、散文、话剧问世，而且还是著名文艺批评家。例如努埃曼的短篇小说集《往事已矣》《豪绅》，中篇小说《相会》，剧本《父与子》，哲理散文《路》《来世的干粮》，文学评论集《筛》。因其对阿拉伯文学有非凡贡献，1978 年被黎巴嫩总统授予国家最高勋章。米沙勒・迈卢夫的作品主要有叙事诗《凡尔赛花园》《遥远的海岸》，诗集《追忆》，诗剧《冤囚》等。艾布・马迪著有抒情诗《生命的哲理》《溪流》《永恒的寓言》等。艾敏・雷哈尼（1876—1940）的主要作品有小说《驴夫与教士》《谷底百合》《闺阁外面》，散文集《香草集》（即《雷哈尼散文集》）、短篇小说集《忏悔录》、诗集《梦幻的道路》，文学评论集《文学与艺术》等，还有大量的演讲、政论、杂文、游记作品。

旅美的阿拉伯作家有一些共同特点：一、移民之前用母语阿拉伯语写作，移民后兼用英文写作；文学素养中既有阿拉伯文化底色，也吸纳了西方文化的养料。二、通过文学创作，既努力让西方读者了解阿拉伯世界，也希望阿拉伯人民了解西方文明。三、用世界的眼光看待东西方的历史和现实，不囿于成见，不人云亦云。四、作品具有深邃的哲理与丰富的想象。

旅美阿拉伯作家的作品，从题材和内容看，主要有这样几类：第一，表现对故土的思念。第二，对自然的歌颂，对自由的向往，对个性解放的追求。第三，对社会问题的探讨，对宗教信仰的思考。旅美派文学作品中，也表达政治愿望，如反映和揭示叙利亚等阿拉伯地区的贫穷、落后、愚昧；作家们对现实感到屈辱，或者强烈不满，号召阿拉伯人民奋起反抗殖民统治，争取自由和平等。第四，浓郁的民族情感，强烈的现实主义色彩。第五，蕴含丰富的人生哲理，具有鲜明的时代性和思想性。也有人称旅美派文学家为哲学家。

旅美阿拉伯作家提倡革新文学，反对旧有的文学模式。他们反对华而不实、言之无物、无病呻吟的文字，主张文学要扎根于现实生活的沃土，文学家要有使命感。努埃曼指出："并非一切用墨水写在纸上的东西都是文学，也并非一切能作一篇文章、写一首诗的人都是文学家。只有那些从生活的土壤、阳光、空气中汲取营养的文学，才是我们认可的文学；只有那些在生活的波涛、变革中感觉敏锐、思想深邃、目光远大的文学家才是我们尊敬的文学家。"①

无论纪伯伦、艾布·马迪的诗篇，还是艾敏·雷哈尼的散文，充满哲理的句子、寓意深远的篇章、优美而凝练的文字俯拾即是，深情地表达诗人对大自然的感受和对社会问题的思索。当然，这些作家们的着眼点各有不同。纪伯伦的作品视野开阔，既揭示阿拉伯世界的落后，也揭露西方社会的腐朽物质追求；既赞美东方精神和道德，也勾勒西方世界的自由和宽容。努埃曼揭露宗教旧势力，为阿拉伯妇女社会地位的低贱鸣不平，同时表达对故土的眷恋，对纯朴、忠厚的父老乡亲的赞美；艾敏·雷哈尼主张社会改革，摆脱愚昧、迷信、专制、落后，消除宗教偏见，追求自由、平等和社会进步，渴望民族解

---

① 仲跻昆：《阿拉伯现代文学史》，昆仑出版社 2004 年版，第 331 页。

放,所以也被誉为思想界的领袖,是“先驱”,是“导师”。

关于旅美派的文学成就、文学思想,以及旅美派形成的原因、旅美阿拉伯作家取得成功的原因,都有人作过研究,但大多数是宏大的定性评价,如“无论纪伯伦的散文诗、马迪的抒情诗,还是努埃曼的小说,都表现了鲜明的爱国主义和人道主义、民族主义和世界主义的结合”。旅美派文学取得成功的主要原因,至少可以归纳出 4—5 条,如:丰富的生活阅历;多元文化的影响;西方对中东的殖民、奴役带来的刺激;个人的毅力和积极进取的品格;美国自由的环境等。

旅美派有着丰富却又艰难曲折的经历,这一点是毫无疑问的。写作的基本动力就是“有话要说”。因为对“所见所闻”有所感触,进而不断思考,欲罢不能,需要表达。至于“多种文化因素影响”,似乎应该具体分析。很多评价中使用的概念,如“爱国主义和人道主义、民族主义和世界主义”,至少是大而无当的。说纪伯伦等人“能站在全人类的高度反对殖民主义,反对战争,倡导和平、追求自由、平等与和谐”,似乎像政治宣言,很不切题。

说到底,“旅美派”引起人兴趣的话题是这些阿拉伯作家为什么会在异域美洲取得辉煌成就。很简单,没有“出走”,就没有“侨民文学”。美国、巴西等地为什么能使他们有施展抱负的机会;反观 20 世纪初的叙利亚、黎巴嫩,为什么不能给作家们提供服务社会、报效家乡的机会,这是进一步要追问的。

20 世纪初的美国,伴随经济的增长,文化发展很迅速,关键是人民的自由权利得到保障,社会具有很强的容纳能力。

作为一个移民国家，美国有多种外来宗教团体，宗教教派间的教义之争相对较少，宗教、政治氛围较为宽松。“旅美派”作家在这样的环境中，获得了更多言论自由和思维空间。巴西和阿根廷的经济条件和综合实力远不如美国，但也有相对宽松的人文环境，有言论自由。故而有人说，美洲大陆给“旅美派”的文学创作提供了更广阔的天地。

相比之下，这些阿拉伯作家的家乡黎巴嫩和整个叙利亚，20 世纪初还处在经济、文化落后，社会发展缓慢甚至停滞的状态。奥斯曼土耳其人统治整个叙利亚和黎巴嫩四个多世纪。一个明显的事实是，曾经灿烂辉煌的阿拉伯文化，在这 400 年里没有恢复往日的光泽。随着西方文明的渗透，传统工商业逐渐衰落，叙利亚、黎巴嫩的民众生活贫穷、文化落后、教派冲突、社会混乱。奥斯曼统治者推行专制统治，实行书刊检查，限制言论自由。一些叙利亚和黎巴嫩人，不得不远离故土，在境外寻找生存环境。纪伯伦、努埃曼等青年到美洲，就是想呼吸那里的新鲜空气。

这种情况，使人想起中国的典故，“橘生淮南为橘，橘生淮北为枳”。水土不一样，同一果树会有不同的果实。反过来，淮北的“枳”到淮南是否可以变成“橘”？纪伯伦等作家若不离开故土，是否就没有后来的文学成就？个人的努力是不容忽视的，但不得不承认环境的作用。其实，旅美派取得文学成就，并不是孤立的案例。20 世纪犹太人、华人、斯拉夫人到美国后成为科技和教育界精英，取得非凡成就的，为数不少。对发展中国家而言，较大规模的人才外流，主要原因是国内“人才环境”不好,国外人才环境好。

这种差异造成的问题似乎没有那么简单。尽管阿拉伯地区在奥斯曼帝国时期是落后的,但黎巴嫩是受西方文明冲击最早的地区之一,法国文化的影响在先,美国文化的影响在后。19世纪后期,除了西文报刊,阿拉伯语报纸、杂志、文学书籍也大量印行,当地有多所印刷厂,还有翻译学会、文学会等团体出现。美国传教士在黎巴嫩创办新教学院,后来发展为贝鲁特的美国大学;耶稣会创办了贝鲁特圣约瑟大学。叙利亚、黎巴嫩的文化面貌发生变化。如果没有这些变化,当地的读书人不了解外面的世界,怎么可能离开故土去寻找新的安身之地?

有的学者说,奥斯曼土耳其人统治下的叙利亚、黎巴嫩地区经济落后,政治专制,缺少言论自由,尤其是知识分子看不到任何希望,这倒是符合实际的判断。有的学者强调,阿拉伯文化受到土耳其人压制,阿拉伯人的民族精神遭受摧残,西方的殖民刺激了阿拉伯人民,所以纪伯伦等阿拉伯作家被迫背井离乡。然而,纪伯伦等旅美阿拉伯作家中,不少人是深受基督教马龙派影响的,并非传统的穆斯林。这一点让人困惑。

就算叙利亚、黎巴嫩的环境不利于人才成长,美洲的环境有利于人才成长,叙利亚、黎巴嫩的“枳”在美洲会变成“橘”,那后来也有大批叙利亚、黎巴嫩移民到美洲,为什么没有产生像纪伯伦、努埃曼那样的人物?世界各地的移民,到达美洲之后,也只有少数人取得成就,这是事实。所以,关键取决于移民美洲是为自己的生活和享受,还是带着使命感,立志要为自己民族做些什么。

殖民地问题与威尔逊的“公平”方案

美国的总统中，名气最大的是华盛顿、林肯、富兰克林·罗斯福，不过，我却喜欢伍德罗·威尔逊。这位总统一生做过教师、校长、州长和两届总统，提出过“十四点”和平纲领（和平计划）。世界现代史课本上说，威尔逊所谓的“十四点”和平纲领，实际上是为了争夺世界霸权，由于英法的抵制，美国的计划落空。我读书时，每每遇到涉及威尔逊总统、巴黎和会、“十四点”纲领的材料，总是十分仔细，想弄明白究竟是怎么回事。在研究英国在中东的“委任统治”时，涉及第一次世界大战后“处理殖民地”的问题，我对此有一些认识，但没有抽出时间撰写论文。几年前，我的一位学生要撰写毕业论文，发愁没有合适的选题，我让这位学生探究威尔逊的“公平处理殖民地”。我把自己对这个问题的看法告诉学生，只要学生找足材料，理顺思路，就可以成文。学生的毕业论文完成得不错，但材料大部分来源于国内常见的国际关系史著作，阐述观点时，引用的原话都是教材腔调，观点是清晰的，但语言缺少新鲜感。

自己的研究,无论涉及晚期奥斯曼帝国,还是近现代世界政治史,都绕不开"殖民地问题",忍不住要思索。在重新翻看威尔逊"十四点"纲领的原文时,第五条纲领的内容引人注意。这一条的完整表述是:"对所有殖民地的要求作出自由、坦率且绝对公平的调整。这次调整要严格遵守的原则是,在决定所有这些涉及主权的问题时,必须同等重视殖民地人民的利益和权限待定的政府的要求。"①简单地概括,这一条即"公平处理殖民地"。如何公平处理殖民地呢?必须联系威尔逊那篇"国会演说"的上下文。

在威尔逊演说中提出:"经历这次战争后,我们所要求的就是要使世界适合人类生存和安居,尤其要使每一个爱好和平的国家感到安全。这个世界应该是:那些爱好和平的国家和我们一样,希望按照自己的方式生活,自己决定自己的制度,能够确保正义和公平,而不致遭受暴力和侵略。"威尔逊在讲完"十四点"纲领之后,还指出:"我所概括的整个方案贯穿着一条明确的原则,这条原则是针对所有人民和民族的公正原则;每个民族无论强弱,都享有自由和安全的平等权利。"

可见,威尔逊的"公平处理殖民地",是以"民族自决""平等对待""国际共管"为原则的。在他的演讲中,似乎包含美国

① 此句原文为:A free, open-minded, and absolutely impartial adjustment of all colonial claims, based upon a strict observance of the principle that in determining all such questions of sovereignty the interests of the populations concerned must have equal weight with the equitable claims of the government whose title is to be determined.

式的“道义”“社会理想”“正义与进步”等信念。

可惜，威尔逊的这些感人的“信念”和“原则”只是一厢情愿。巴黎和会由英国和法国操控，威尔逊的“十四点”纲领在法国总统克里孟梭眼里不算什么。克里孟梭嘲讽威尔逊的“十四点”是空洞教条。法国政治家满脑子想的是如何惩罚德国，其他什么话都听不进去。至于“公平处理殖民地”，法国政治家们对威尔逊的提法充满疑惧，因为，法国必须借助于殖民地的人力、物力和财力，才能防范德国武力进攻。英国首相和外交大臣并没有公开反对“十四点”纲领，因为英国人有自己的打算，也有自己的“难处”。不过，建立国际联盟并确立“委任统治”制度，对英国倒是有利的。其他大国，对于处理战败国的殖民地也非常关心，哪个都不愿吃亏。

事后来看，威尔逊的“民族自决权”确实有点含糊，范围不确定（究竟指一个种族？一个领土区域？还是一个社区？），针对性不强。美国人自信，他们有责任带领世界人民走向和平，问题是，在其他大国的政治家眼里，威尔逊所谓的“正义原则”要强塞给大国，哪个国家也不想接受。既如此，“公平处理”从何谈起？

美国当时经济实力大增，却还未达到与英、法平起平坐的地步。殖民地问题的处理，要达到“理想的结果”，本不那么容易。关键是，威尔逊关于建立国际联盟的提案在美国国会没有通过。美国国会议员中，不少人怀疑“国联盟约”会削弱美国的国家主权。美国未参加由威尔逊总统倡议和策划的国际联盟，英、法成为国际联盟的实际操控者。最后能否“公平处理”殖民地,由英法两国的政治家说了算。

威尔逊提出的“十四点”和平纲领受挫,威尔逊的理想主义也显得“不合时宜”,但从后来的历史发展看,处理殖民地的“公平原则”具有重要意义,为解决殖民地问题起到推动作用。首先,“国联盟约”第一次对“如何处理殖民地”作出明确规定。其次,在世界民族主义运动推动下,美国人和欧洲有识之士向旧殖民体系发出挑战,直接或间接地推动了“非殖民化”。而且,威尔逊的和平纲领中提出改变殖民管理方式,重视殖民地人民的诉求,这是具有进步意义的,值得肯定。

更何况,威尔逊的“十四点”纲领中“公平处理殖民地”一条,确实发挥了应有的作用。在巴黎和会上,英、法等国放弃了接管战败国的殖民地的打算,德国的原殖民地和奥斯曼帝国的行省变成“委任统治地”,置于国际联盟管理之下。当时英法接受委任统治制度有多方面的考虑,也有客观的原因,但威尔逊的坚持,是不容忽视的因素。威尔逊提出的建立国际联盟来处理战后问题的建议,还是为多数参战国接受,“委任统治”制度写进国际联盟盟约,一定程度上,遏制了英、法等国瓜分殖民地的野心。

还应该看到,美国坚持“民族自决权”的主张是一贯的。到第二次世界大战期间,总统富兰克林·罗斯福强调“尊重民族自决权”。1941 年 8 月签署的《大西洋宪章》中提出,“反对不符合有关民族自由表达的愿望的领土变更”;保证“尊重各民族选择自己政府的权利”;“凡是被强制剥夺主权和自治权的民族,应恢复其主权和自治权”。大战最后阶段,罗斯福等美国政治家努力促成联合国机构的建立，强调要通过“国际化”来改变殖民制度。各国最终达成协议，把“托管制”写进《联合国宪章》。

从本质上说，委任统治制度和托管制度都是殖民统治的方式，早有人指出“托管制是变相的委任制”，但与委任统治相比，托管制有很大进步。联合国的“托管理事会”是一个独立的行政机构，有权监督和视察各托管领土。关键是，联合国成立接受“托管”的那些地区，后来都取得独立(至1994年11月，“托管制度”完成使命)。历史证明，美国威尔逊早年提出的“公平处理殖民地”原则是富有远见卓识的。难怪有的西方学者说，第二次世界大战后美国全球霸权的确立是“威尔逊倡导的美国价值观”的全面胜利。

让人感兴趣的是，“十四点”纲领的全部内容，以及当时给全世界带来的希望。1918年1月8日伍德罗·威尔逊在国会发表演说时，第一次世界大战胜负将见分晓。威尔逊提出的重建战后世界秩序的“十四点”纲领包括：公开缔结和平条约；公海航行自由(无论战时与和平时期)；取消经济壁垒、建立平等贸易；各国充分保证最低限度地裁减军备；公平处理殖民地问题，平等对待殖民地人民；德国从俄国领土上撤出；德军撤出比利时，恢复比利时的独立；德军撤出法国，将阿尔萨斯—洛林归还法国；重新调整意大利边界；奥匈各族自治，允许独立；解决巴尔干问题，同盟国撤出罗马尼亚、塞尔维亚和黑山；奥斯曼帝国的土耳其部分应确保主权，其他的民族有自主发展的权利；恢复波兰的独立性；成立国际联盟以维持世界和平。“十四点”体现的总原则是“公开”“公平”“合理”,目标是建立“永久和平”。在“十四点”纲领中,第五条“公平处理殖民地”涉及“民族自决权”,后面还有六条涉及“民族自决”:比利时的独立,波兰的独立,奥匈帝国统治下的各民族的独立,巴尔干民族自主权,奥斯曼帝国境内各民族的独立等。

当然,美国从来不抽象地处理外交事务,对殖民地的处理也一样,基本前提是从现实利益出发,“打破英、法主导的旧殖民体系”,构建以美国为中心的世界经济体系,这一真实目标不会改变。单单依赖“民族自决”,并不会开创出一个期望的太平世界。从这个意义上说,美国即使参加国际联盟,能否实现威尔逊“十四点”纲领也是未知数,不过,可以判断的是,在处理殖民地问题时,“公平原则”会多一些,或者说,对英国和法国的限制会多一些。

无论如何,威尔逊提出的“十四点”纲领,尤其是“民族自决权”,在世界范围内赢得了广泛的赞扬。关于威尔逊“十四点”纲领带来的喜悦,有的著作中描述,威尔逊的“十四点”和平纲领引起了一场“骚动”:人们以为期盼的民主与和平就要来了。1918年12月,当威尔逊踏上欧洲血染的土地时,广大民众以发狂的热情欢迎他,把他看作“救星”“和平之王”。其他一些常见的书籍中,关于威尔逊“十四点”纲领的效应有较多描述。例如:威尔逊的讲话引起欧洲政界、外交界的精英们的共鸣,打动了自由党人和和平主义者;在欧洲的广场、公园、火车站、街道上,到处可以看到“我们要威尔逊式的和平”的墙报;法国左翼领袖人物在报纸上撰文称赞威尔逊;战场上的士兵、起义者把威尔逊和“十四点”纲领看作救星。有的书上还说，英国战时内阁部长、巴黎和会的秘书长莫里斯·汉克爵士随身在文件盒里带着一份“十四点”纲领的文本。总之，威尔逊的“十四点”给人们带来和平的希望。

看“差异”与找“差距”

去年读了《差距》，今年读了《大国的幻象》，有不少感想。

我的读书习惯是，无论借来的还是买来的书，拿到手里一定要迅速浏览一篇，然后把书放进书柜“冷落”两三个月，再拿出来细读一遍。说真话，初读这两本书的共同感受是：不过如此！王冲的《差距》并没有贺卫方和吴稼祥说的那么好，王文的《大国的幻象》也没有李肇星和房宁说的那么新鲜。理由很简单，自清末以来 100 多年里，凡是走出国门的人都在不断把中国与西方国家作比较，既看到了差异，也看到了差距，有的人强调差异，有的人强调差距。等我细读这两本书之后，看法有所改变，因为，从字里行间能感受到王冲和王文看问题的冷静、思考问题的深度。

《差距》的观察对象主要是美国、日本、欧洲，《大国的幻象》除了美国、日本、欧洲还把伊朗纳入考察范围。前者重点探究中国与西方的差距，后者重点分析“相同表象”背后的差别，以及“悬殊现象”背后的相似性。

在我看来,王冲和王文的意图是一致的,都希望中国人有正常的“西方观”,正确判断中国在世界上的位置。《差距》和《大国的幻象》想让中国人首先恢复“常识”,进而理性思考。

王冲和王文的最大不同就是王冲心里有一个“价值判断”:国家是否富强、社会是否发达、人民生活水平高还是低,有一个“善”和“好”的标尺;美国、欧洲和日本距离这个标尺比较近,而中国距离这个标尺比较远,需要追赶。王文心里没有这样的“价值判断”,他要指出:美国和欧洲看起来那么美,或者听起来那么好,背后还有不光明、不美好;中国社会有许多问题,有的问题还很严重,但中国的进步和美好不能视而不见;媒体告诉大家伊朗很落后甚至很恐怖,实际上不是那么回事;所以不同国家之间其实只是有“差异”。

王冲认为,在国与国之间作比较时,我们更应该看别人的优点,人家有哪些值得我们学习,比如,日本人守规矩、讲效率,有钻研精神,德国人严谨等。王文强调,美国有美国的特点,日本有日本的特点,中国有中国的特点,不能老是说中国不如美国,实际上中国还有超出美国的地方;另一方面,美国有很多地方不如中国,但也不能因此得出“美国不如中国”的结论。

其实,王冲谈差距,并未否认差异。比如他说,中国有自己的状况,不能用美国标准来衡量中国,也不能用中国眼光衡量美国,《差距》多处谈到差异。王文着眼于差异,但也不否认目前中国与欧美国家相比在个人素质、社会文明程度等方面有一些差距,不过,在他看来这种差距越来越小了,有些方面甚至超越欧美了。《大国的幻象》要表达这样一种态度：中国的差距和不足我们自己清楚，重要的不是抱怨，而是一点一点去改变。

粗略地看，《差距》谈的问题深，《大国的幻象》谈的问题浅，因为前者立意明确，像写论著，后者像是要罗列一些国外见闻。仔细阅读，《大国的幻象》不但有深度还有作者明确的政治主张，比如，从差异比较中要看到"深层面的问题"，即每个国家所走的道路问题。王文认为不应该质疑中国目前的道路，而应该肯定中国的成绩，沿着1949年以来的道路坚定地走下去。这样一来，《大国的幻象》容易招致读者的"不喜欢"，不像《差距》那样"招人喜欢"。

王冲和王文都对中国的未来持乐观态度，只是王冲迫切地希望我们追赶，努力弥补差距；王文觉得我们有今天的成绩已经很不容易，慢慢来，不走美国式道路我们也能走到世界前列。我记得有学者评论过梁启超和胡适的不同，说梁启超到晚年仍然是少年心态，激情四射，而胡适年纪很轻的时候就显得老成持重、心态平和。在中国社会的任何阶段，"激情四射"和"老成持重"都是需要的，都是有益的；用今天时髦的话说，梁启超的"激情"和胡适的"老成"传递的都是"正能量"。从作者简历中得知，王冲和王文都是年轻人，《差距》多含激情，而《大国的幻象》更冷静，像是一位五六十岁的学者写出来的。

我认真阅读《差距》和《大国的幻象》，并对两书作对比，是因为自己能从书中获得有价值的信息。王冲和王文见多识广，而我只去过土耳其和英国，对世界各地的了解主要依赖书本知识和图片资料，读这两本书足以充实自己。我要把感想写下来，还因为我的专业是世界史，我对当代世界的了解远远不如王冲和王文，但对于历史时期世界主要大国的了解，估计比他们两位要多一些。如果还想探究中国和世界的进步，可以把王冲看到的差距、王文看到的差异与清末郭嵩焘、曾纪泽等人看到的差异和差距进行对照，估计还会得出有意义的结论。张德彝的《欧美环游记》、郭嵩焘的《伦敦与巴黎日记》、曾纪泽的《使西日记/使德日记》，是那个时期的《差距》和《大国的幻象》，但张、郭、曾当时是"刘姥姥进大观园"，而王冲和王文只是从东边的公园走到西边的公园，见到不同的景色，心理落差不大。

我赞同王冲的看法：中国跟西方相比在政治文明方面有哪些差距，我们应该有清醒的认识，哪些地方做得不够甚至不对，我们应该改进。我也赞同王冲的看法：中国是一个大国，大国就有大国的大和大国的难，在大国做任何一件事都可能耗费很长时间而效果未必很明显。

著名画家、作家刘墉说他自己"有一颗很热的心、一对很冷的眼、一双很勤的手、两条很忙的腿"，我觉得王冲和王文也是这样。他们到国外忙忙碌碌办事，急急匆匆赶路，眼观六路，耳听"鸟语"（五花八门的语言），本来够累的，还要赶着写下所见所闻、所思所想，真令人佩服。他们走在世界各地，用很忙的腿、很冷的眼、很勤的手奉献出《差距》和《大国的幻象》，书中透着很热的心。我们读了这两本书，若能冷眼看"差异"、热心找"差距"，当不辜负两位作者的苦心。

追求智慧还是寻找“药方”

看到“国学讲堂”的热闹场面，听到“国学院”“国学班”风生水起，让我们这些研究外国历史的人羡慕不已。早就想了解国学研究的成果，算是“门外汉”获取一些新知识。

从哪儿入手？先读谁的大作呢？确实有些犯难。最近从图书馆里借到由梁涛、顾家宁编选的《国学问题争鸣集（1990—2010）》（广西师范大学出版社 2010 年版）。这本书有 51 万字，幸亏印刷字号很小，否则页码会更多。显然，收录到这本《争鸣集》（以下用此简称）的只是知名学者的文章，还不是争鸣文章的全部。自从国学“热”出现以来，经常见到争论国学概念和国学价值的文章，没想到辑录在一起竟然是一本厚书。

《争鸣集》中的文章，有些早已读过，有些是初读，放在一起总算弄明白学者们争论的内容和焦点。编者把文章分为“观点争鸣”和“理论纵深”，是按照深浅程度划分的，便于读者把握。其实放在“理论纵深”中的文章，有的只是建议，有的只是泛泛的对话;放在“观点争鸣”的文章,有的颇有理论深度。这倒不要紧。要紧的是,那么多知名学者认真讨论“国学”,让人觉得,许多人花费时间和精力在国学概念问题、国学价值问题上争执不休,不知道是应该钦佩,还是应该表示遗憾。

说也奇怪,短短20年时间,“国学”就热了三次。20世纪90年代仅仅是纸上谈国学,2005年和2009年则有迅速的实践:在学界大讲“国学”的同时,国内不少高校办起“国学研究院”,或至少是国学研究班,在国外开办孔子学院。按理说,中国人讲国学天经地义,如果没人讲国学,那才不正常。换个角度看,“国学热”让人惊呼,就正好表明“国学”平时一直显得冷。那么就应该问问,中国人为什么平时冷落国学?无论赞扬“国学热”的学者,还是批评“国学热”的学者,都应该研究国学“冷”的原因。

在学界以至整个社会,不管突然重视什么,或是突然嫌弃什么,真的像刮风,一阵一阵。如果仔细追究,热风也罢,冷风也罢,肯定有原因,至少有根由。从《争鸣集》中的文章看,主张“重振国学”或者弘扬国学的学者们,几乎都提到国学是民族之魂、文化之根,而“兴国学”的目标包括:抵制“商品拜物教”,挽救颓废世风,建设中华民族精神家园,增强中国的文化竞争力等。原来,提倡国学是要经世致用,把国学当作“救世良药”!

阅读《争鸣集》给人的印象是,只要提到“国学”,不得不用专业知识进行界定,一般人无法插嘴。但我还是觉得,所谓“国学”,只要望文生义就够了。你可以理解为“纯粹中国的学问”,即国粹,也可以理解为胡适说的“国故”,或者理解为“老祖宗留下的经、史、子、集”等,或者理解为与“西学”相对应的本土学问。只要不纠缠于国学与传统文化的关系,普通人望文生义的国学概念,也是八九不离十的。

之所以争鸣,关键还在于“国学价值”问题。比如,一些学者分析:这些年出现信仰危机、道德沦丧,是由于人们丧失了“精神家园”,所以必须用“国学”抑制“西学泛滥”带来的弊端,从“国学”中寻找救治“现代社会病”的药方。如果是这样,倒不觉得新鲜。胡适当年提出整理“国故”,也是把“国故”当作再造文明的因素之一。

我们这个时代提倡国学,重视国学,从文明的提高、知识的积累、学术的醇化角度讲,都是必要的。中国的“国学”博大精深,其中蕴含着智慧,如果要以矿藏来比拟,这恐怕是世界上埋藏最深、蕴藏量大、取之不尽的“富矿”。我们今天使用科技手段,能解决古籍文献的数字化处理问题,但科技手段并不能完全解决人们对这些经典的消化和吸收问题,所以还需要继续深入持久地维持国学的热度。

可是,这些蕴藏着智慧的“国学”里面,一定能找到现成的救世“药方”吗?如果说国学里面有“药方”,甚至有“药”,清朝及清朝之前早就使用了,何至于旧王朝越来越腐朽,一路下滑,鸦片战争之后不得不“抄用”外国的“药方”,服用洋人研制的“药丸”呢?19 世纪中叶到 20 世纪中叶,无数仁人志士寻求救国“药方”:君主立宪、共和制、美国式民主、实业救国、民族主义、共产主义、苏维埃社会主义,这些都是进口的外国货。

所谓“药方”就是针对什么病症，决定服用什么药的方案，如果顺便也研制出药丸、药汤来，更妙。按理说，孔子、老子、孟子、荀子、韩非子等的思想，全是为救世、救国或霸天下而提出的，针对性很强，但从各朝代“治国”的实际效果看，汉代以后直至清朝晚期，这些经典都不同程度地发挥了统治人民的工具的效力，对旧王朝修修补补也是有效的，而遇到国家危机时拿出来“救世”“救国”根本不管用。

不仅中国的“国学”，就是作为“西学”基础的希腊罗马思想，本身也不包含促使欧洲国家现代化的“药方”。有一种判断说，西方科技发达是由于法律和制度保障，法律和制度的完备是由于希腊罗马的思想文化基础。听起来没错。但不能反过来说，希腊罗马的古典思想必然会催生现代西方科技文明。苏格拉底、毕达哥拉斯、德谟克利特探讨的那些问题，与“救世”没关系，与资本主义起源的关系也不大。柏拉图和亚里士多德的政治思想是经典中的经典，道理讲得很通透，但是，把这些经典理论放在当代，基本上没有多少实用价值。

越是高深的学问，里面包含的智慧越多；但越是高深的学问，从里面越难找到快速见效的救世良方（或治世良药）。无论是中国的“国学”，还是欧洲的古典学问，性质都是一样的。真正的救世良方、治世良药，往往要在现实世界中寻找。从历史经验看，凡是借用当时世界上最先进的“药方”，并把本国的水土、本国的“病症”考虑在内，一般会有效果。比如孙中山提出的救国方略，共产党人的救国方略，在不同时期取得了显著成效。很显然，革命先驱的救国方略不是在国学里找到的，而是借鉴世界上相对先进的“药方”，并针对中国具体的病症进行调整，变成新的“药方”，并配制“新药”。

认识到“国学”里面有智慧而没有药方，那就要区别对待。康有为、梁启超、胡适等人做学问的时候研究的是“国学”，但他们的政治主张是借鉴外国的制度，借用西方文明的成果。在他们那里，“构建学术大厦”和“救国”“救世”是分开的。就是因为，国学中有智慧，可以当作学问来研究，里面找不到现成的“救世良方”。我们当代社会，面临的问题千头万绪，但可以肯定：有些工作要慢慢来，比如提高文明、积累知识、传播学问；有些工作刻不容缓，比如制定法规、惩治腐败、凝聚民心。国学的普及、提高、弘扬，只能属于前者，急不得，也不能夸大其功用。

我们的国学研究者，常年把心思用于对国学的深入探讨，使国学研究不温不火、润物无声，其贡献就不可低估。我们研究外国史的，随时汲取国学研究的新成果，也会深化对外国历史的理解。我们的广大民众，多多吸纳国学中的智慧，对提高国民整体素质有益无害。不过，要使国家进步、人民幸福，除了消化吸收国学的营养，还要睁眼看世界，感受世界的阳光。

世界史视野的“宏观”与“多维”

——以中东史研究为例

我们为什么要探究历史？为什么要探究世界历史？为什么要探究区域和国别史？

我们生活于文明时代：物质极大丰富，交通运输条件便利，精神生活丰富，娱乐条件优越……我们可以尽情列举现代文明的洋洋大观、赏心乐事、高度繁荣。

时代在进步，历史在发展。不过，当代人应看到这样的一些事实：(1)人类在征服自然、改造自然的同时，也毁坏了生态环境。(2)人与人之间关系的协调，远没达到最佳时期。近代以来，政治斗争、大规模的世界性战争、各类冲突不是弱化，而是烈度增大。(3)社会发展和进步的同时，由于对现代科技文明的依赖，人自身的器官出现功能退化，精神、道德、心理因素也有倒退迹象。

史学家雷海宗先生曾说：“前不见古人，历史学可以复活古人；后不见来者，历史学家可以预见来者。”斯宾格勒曾预言了世界大战。但政权更迭、经济泡沫、种族冲突、科技战、信息战、跨国界犯罪等问题,都是人类在眼前利益驱使下造成的,无需历史学家来预言,这些现象早已引起普遍关注,若不及时化解,人类生活会受到严重威胁。

今天我们翻阅史书,回顾人类的第一次进步、第一次觉醒,翻看古代圣哲的启示,从近代以来的大动荡、大折腾中吸取有益的教训,避免把历史的车轮推向利益纷争的泥潭。因此我们要研究世界史。

世界史包罗万象,上下六千年,纵横八万里,需要研究者有宏观的视野,有基于历史事实的多维思考。于是我们认为,首先要确立"整体"史观。纵向看:生产力发展、制度变迁;横向看:人类社会由孤立、封闭走向联系、交往、磋商。其次要使用"综合"的方法。考察历史发展的动力和阻力,需要综合分析经济、政治、文化、宗教等因素;深入研究历史问题,需要借鉴并运用多学科的方法。再次,研究者要有"客观"的态度。公正地看待世界各个民族的历史,认识和肯定各类文化的价值,克服狭隘民族观、狭隘文化观。

对于具体的研究者来说,限于时间和精力,不可能通览人类文明史,也不可能撰写出非常详尽的世界通史。可行的办法是,研究"区域史",研究"国别史",研究"断代史",研究"专题史"。比如,中东史研究就属于"区域史"研究,即集中力量探讨这个地区的历史。

可以从"现代化"角度研究中东,也可以从"发展"的角度研究中东。20 年前,"现代化"成为研究热点,于是产生了不少研究中东现代化的成果。后来，“发展”问题成为重要议题，于是许多学者转而研究中东的发展。虽然“发展”与“现代化”所涵盖的领域几乎重合，但“发展”与“现代化”还是有一些差别。发展的重点是对过程的强调，而现代化不仅包含着过程，它本身也代表着一种理想。人们使用这两个概念时，对比较抽象和大范围的概念往往用“现代化”一词，对比较具体的范围和目标往往用“发展”。现代化被视为一种目标，而发展则是实现这一目标的方式或手段。①在实际研究中，现代化研究和发展研究一般各有侧重。当然，现代化的研究形成了系统的现代化理论，发展研究也产生了发展理论如发展经济学等。由于现代化问题和发展问题的复杂性，没有哪一套理论可以解释所有国家的情况，于是形成了许多流派，出现了现代化和发展研究的繁荣局面。

按照一般的判断：现代中东国家发展不平衡。既如此，历史学者为什么不深入揭示这种不平衡的根源？

这几年“现代化”已不再能引起人的兴趣，但并不是现代化问题已经解决了。中东地区许多国家为什么至今还未能实现现代化？这仍然是中东史研究的一个核心课题。从发展的角度看，中东国家的发展仍然是一个不小的问题。

在世界各国发展的过程中，由于地理条件的差异、历史背景的不同、经济基础和文化传统的悬殊，必然会采用各具特色的方式，走独特的发展道路。人们习惯于将某种社会发展方

---

① 陈晓律：《战后发展理论》，四川人民出版社 1995 年版，第 17—18 页。

式和道路称为“发展模式”。西欧创造了第一个现代社会发展模式，在“西欧模式”影响下，又出现了美国、北欧、东欧、日本等现代化发展道路，总体上都是资本主义发展模式。20世纪曾出现“苏联模式”，并影响了许多国家。仅第三世界国家而言，有追随和模仿西欧模式的，有仿效苏联模式的，也有自创的形形色色的混合体，包括既非资本主义又非社会主义的道路。中东国家的情况复杂，各种模式（或道路）在中东国家地区几乎都能找到。

按理说，只要适合本国国情，走哪一种道路都行，条条道路通罗马。但是，道路的选择往往取决于多种因素，已经选择的道路未必适合发展，况且，当时的选择并不完全是理性的选择，或者并不是愿意的、主动的选择。例如，中东许多国家的建立，与人民的意愿无关，纯粹是欧洲大国为殖民统治的需要而“制造出来”的，根本谈不上当地人的“选择”。从根源上说，中东国家发展的“不平衡”几乎就是注定了的，是无法避免的。这种“不平衡”是如何从根源上被“注定”的？各种政治因素和国际环境如何造成了中东国家发展道路的扭曲？

可以把中东国家的发展当作一个区域性问题，也可以当作单个的问题研究。可以着重研究共性，也可以着重研究差异。中东各国历史渊源、地缘政治、宗教因素、文化构成、国际地位等方面有共性，但中东国家之间的“个性”往往多于共性。整体来考察“中东”这个区域，似乎仅能说明中东地区为什么和世界其他地区不一样，但不能说明中东为什么有这样的差异。研究国别的、宗教的或文化的具体问题，似乎仅能说明特质和内在差异，不能解释某个特质为什么在甲国是阻力在乙国是动力。

从经济角度看，中东地区在各历史时期从未形成一个经济整体(现当代更不是)。即使在阿拉伯帝国和奥斯曼帝国的强盛时期，“各地经济发展不平衡”仍是基本的特征。至于帝国衰落时期、封建割据时期，就更不可能有经济上的统一。奥斯曼帝国瓦解(1918年)和波斯恺加王朝覆灭(1921年)后，中东历史发生大的转折。土耳其人建立了自己的民族共和国；阿拉伯行省脱离奥斯曼帝国的桎梏，本来获得建立民族国家的机会，但又变成英国和法国的委任统治地。埃及仍是英国的保护国，波斯建立了巴列维王朝，阿拉伯半岛有些游牧民未能在国家政权引导下建立定居生活。在那个转折时期，有的民族抓住了机遇，有的民族遇到了挑战，有的则被剥夺了建立主权国家的权利。这样的起点，加上自然条件的差异、世界大战后国际地位的差异、土耳其和埃及等国的优势与其他国家的落后形成鲜明对照。

在国际事务中常说“中东国家”如何如何，似乎“中东国家”就是同一种类型；说以色列如何发达、海湾产油国如何富裕，同时又说某些阿拉伯国家如何落后，让人又感觉到“中东国家”千差万别。国际新闻、各类热点问题的书籍传输给普通民众的信息，往往造成一些认识上的偏差，而研究者笔下的“虽然有共性但也有差异”句式和“尽管各国有差异然而共性大于个性”的表达，还是会让人疑惑。

“伊斯兰世界”的说法明显表达了共性，但这个“世界”中有富裕的国家,也有贫穷的国家。政治制度存在差异,伊斯兰国家间的战争和冲突不断发生。产油国与非产油国,君主制国家与共和制国家,这些划分大约只能显示外在的特征。以色列不是产油国,却是亚洲仅有的两个发达国家之一。约旦是世袭君主国家,但几十年来政局始终平稳;阿拉伯联合酋长国的游牧部落依然存在,而迪拜城是国际性的开放城市;伊拉克 60 年前就建立了共和国,但萨达姆时代的独裁统治令世人震惊。所以,主要的任务应该是研究中东历史的复杂性。研究复杂性先从研究“差异”入手,从中东国家发展的起点和基础着眼,尤其要考察 1914—1946 年的中东历史。

在这 30 多年中,第一次世界大战、奥斯曼帝国崩溃、土耳其的革命和建设、伊朗的革命和社会改革、英法在阿拉伯地区的委任统治、埃及摆脱殖民枷锁的努力等重大历史事件,构成一部生动的历史画卷。从奥斯曼帝国参战,战争期间的协议和战后条约,到中东地缘政治格局的整体变动,一系列事件均有内在联系。而中东地缘政治格局的整体变动,奠定了中东民族国家的疆域、主权范围、政治制度、经济区域划分,同时也埋下了民族矛盾、宗教纷争、领土争端的隐患。问题的根源就是,中东各国没有站在同一起跑线上,也没有在健康、顺畅的外部环境中“成长”,造成中东一些国家始终无法追赶的距离。

要揭示这一问题的根源,可以借助于发展经济学、发展政治学等理论与方法。第一种设想是以“地缘政治变迁与中东国家的发展”为题,重点比较土耳其、埃及和伊朗等国的发展起点。第一,地缘政治变迁对中东地区的深刻影响(1918—

1946年),涉及的问题包括:奥斯曼帝国的瓦解与中东社会的新契机;“东方问题”的延续与大国利益的调整;从奴役走向奴役的阿拉伯民族。第二,时势变局与土耳其共和国发展道路的选择,涉及的问题包括:凯末尔开辟的道路;土耳其发展的成就与代价;特殊环境下的生存之道。第三,自强自救与埃及发展的难题,涉及的问题包括:挣脱殖民枷锁(1914—1946年);埃及社会发展的动力与阻力。第四,“争独立求生存”与伊朗的迷途,涉及的问题包括:伊朗政权更迭(1918—1946年);农业改革及其挫折;徘徊中的现代化尝试。第五,中东民族国家多元发展模式剖析,涉及的问题包括:中东地区主要发展类型;多元发展模式的根源和条件;发展中的经验教训及核心问题。

第二种设想是以“震荡与裂变”为题,探讨现代中东国家发展不平衡的起源(1918—1950年)。具体的论题分为两部分,前一部分探讨六个方面:一、风云突变——世界大战后的中东地缘政治格局,涉及的问题包括:(一)20世纪初的中东社会;(二)战争与奥斯曼帝国的遗产;(三)帝国瓦解后的中东政治地图;(四)地缘政治变迁对各民族的影响。二、摆脱镣铐——埃及、土耳其和伊朗的比较(上),涉及的问题包括:(一)埃及的“历史宿债”与政治主旋律;(二)奥斯曼旧制度中的新因素;(三)20世纪早期波斯的政权更迭和独立之路;(四)从内动力的强弱看差异;(五)从外部因素的影响程度看差异;(六)历史机遇与各国的选择。三、自主不自由——埃及、土耳其和伊朗的比较(下),涉及的问题包括:(一)埃及社会发展的动力与阻力;(二)凯末尔开辟的道路的特征;(三)特殊环境下伊朗的生存之道;(四)得到主权后的困境;(五)依附与自由;(六)“求人”与“求己”。四、分割与失衡——肥沃新月地带的分化,涉及的问题包括:(一)特殊背景下的非正常“创建”;(二)松软的“地基”;(三)英国的管理试验;(四)两类五区域结构;(五)冲突、协调与惯性;(六)共性中的差异。五、弯曲的起跑线——北层与阿拉伯世界的异同(上),涉及的问题包括:(一)基础与条件的差异;(二)土耳其的传承与超越;(三)伊朗国家起步阶段的成就与发展的代价;(四)改革与挫折。六、在十字路口——北层与阿拉伯世界的异同(下),涉及的问题包括:(一)世俗化程度的比较;(二)政策因素和制度因素比较;(三)资源优势及利用情况比较;(四)外部环境比较;(五)方向与路线选择比较。

后一部分探讨四个方面:一、无主题变奏——新独立诸国的社会内耗,涉及的问题包括:(一)伊朗、阿富汗从改革到折腾;(二)伊拉克和叙利亚的社会内耗比较;(三)约旦和黎巴嫩政治特征比较;(四)埃及徘徊中的希望;(五)新独立国家社会结构的变动。二、同源而殊途——伊拉克与外约旦的共性与差异,涉及的问题包括:(一)两国发展的困境与出路;(二)“政治大于经济”;(三)现代化尝试;(四)英国“实验区”的不同后果。三、两个极端——以色列和沙特阿拉,涉及的问题包括:(一)“最小”和“最大”;(二)以色列建国前的经济和政治“储备”;(三)沙特阿拉伯社会的独特性;(四)上升与停滞;(五)优势与劣势的转换;(六)生存能力与生存环境。四、通览——比较研究后的判断和结论，涉及的问题包括：（一）中东地区的主要发展类型；（二）起点是否决定发展方向和速度；（三）"摇摆"式还是"跨越"式；（四）不平衡发展的源头问题；（五）关于各国起点差异的结论；（六）经验教训。

以上两种设想，尤其第二种设想萌生于10年前，是把中东地区放在世界史视野下进行宏观、多维透视的尝试。由于获得国家社科基金立项的是国别史研究，只能搁置大计划，转而作具体的研究。国别史的研究也有价值。以后再回到宏观、多维透视的研究计划，应该是可行的。

战争与“反战行动”

战争能否避免的问题，是个理论课题、历史课题，也是现实课题。但从理论上推断和从历史角度考察，结论会完全不同。理论家可引用名言来解释，历史学依据的是史实，参透史实方可回答是与不是。世界史上，找不出绝对无硝烟时代，人们往往不奢望彻底杜绝战争，可是，总希望想尽一切办法，避免世界性大战，防止新的世界大战爆发。人类历史上只有两次世界大战，其破坏程度和给人类带来的损失，远远超过以往历次战争的总和。因此，论及战争，首先着眼的是两次世界大战，然后，才看历史上其他各类型的战争战例。

研究两次世界大战的起因，是为了寻求预防战争之途径；研究大战的结局，是为了寻求结束战争的方式，也是为了避免以后再发生世界大战。区别只在于，前者重在吸取教训，后者重在总结经验。从大战结局落笔，将两次世界大战的结局，放在整个战争史的视角下，探究战争不曾避免的真正原因，不是没有意义的。

关于两次世界大战的结局，现有的论断是：第一次世界大战在人民的革命和反战行动推动下结束；第二次世界大战的结局是世界人民共同反法西斯的成果。

我们常引伟人名言："战争教育了人民，人民结束了战争。"但这仅是就第二次世界大战而言，也只是从理论上来说的，倘若放在整个战争史的背景下看，战争的教育意义是有限的，也是短期的。因为，战争能促使直接受害者奋起反战，进而结束战争，但后来者往往不能吸取战争教训，或者说，在战争的教训和现实利益两者中，人们往往会选择现实利益，抛开已有的教训。不是人们没能力阻止战争，而是人们没耐心去翻看历史。这是战争不可避免的原因。会不会有新的世界大战，取决于多种因素，但其中有一点是肯定的，即这取决于人的清醒程度、觉悟程度和对历史教训的认识程度。

基于此，我们试作分析。

在战争史坐标上看"反战行动"

人类历史上，除了断断续续的相对和平时代，其余时段都表现为人类的矛盾、冲突、战争，可见战争是较为常规的人类行为之一。显然，由于生产力水平、物质水平所限，古代的战争或为土地、水源，或为有限的政治利益，都不可能成为大烈度的战争，但大流士、马其顿的征服战争同样是"当时世界"的大战。中世纪的十字军东征、蒙古西征，无论规模和时间，都是惊人的。近代拿破仑战争牵动欧洲全局和西亚北非，三十年战争也异常残酷。再说，人类的生存和发展史上，总是表现为:一些方面进步了,有的方面则并未进步。数千年前,有烧死俘虏、活埋俘虏以至砍手、剜眼等残酷事例,而20世纪,数百万犹太人、波兰人,数十万中国人,或被枪杀或被刀砍,或被焚烧或被活埋。何为文明?何为残忍?我们能否断言:没文字、没铁器的时代就只有野蛮,20世纪人类能上天、能使用电子设备就处处文明?

因此,我们有理由对人们的各种行为提出质疑。针对“人民反战”的“正义”行动,通过历史表象,才能作较为彻底的剖析。

第一次世界大战期间,各参战国的人民的确有不同程度的“反战行动”。如德国工人的反帝国主义战争大示威和罢工斗争,罢工人数1917年达到66.7万人。奥匈帝国境内,有匈牙利的反战集会和罢工斗争,罢工人数1917年达192万人,捷克、南斯拉夫族士兵从前线大批逃亡。协约国内部,英国罢工人数1917年达82万人,法国罢工人数1917年达29.4万人,两国均有大规模的反战示威。殖民地半殖民地国家如印度、东非、中东等地的人民,反战运动和民族解放斗争结合起来。第一次世界大战引起俄国的政治危机,二月革命埋葬了罗曼诺夫王朝,十月革命推翻了资产阶级政权。

第二次世界大战自始至终贯穿着反法西斯侵略这个主旋律,从中国人民抗日战争,再到全世界反法西斯统一战线的形成。但仔细分析即知,第一次世界大战进行到第三年,各交战国人民可供选择的只有:反战斗争,饥饿和死亡。至于人民是否清醒地认识到战争本身的罪恶?有多少人认识到战争的罪恶?不能想当然,或从概念出发去推断。第二次世界大战爆发前，德、意、日轴心国的人民没有反对战争的行动，倒是热衷于当政集团鼓吹的"生存空间""共荣圈"，否则，希特勒、墨索里尼、东条英机怎么能够发动侵略战争呢？一些资料表明："第二次世界大战前和平主义和反战情绪弥漫，因为第一次世界大战的灾难，人们还记忆犹新"，此论假使可靠，也是反战情绪"弥漫"得不够，影响不深。事实是，中国对日孤军奋战到第十年，埃塞俄比亚抗意第五年，世界反法西斯同盟才建立起来。统一战线之功不可磨灭，然其内情是复杂的。首先，统一战线内部各民族国家的出发点和目标各不相同；其次，统一战线的建立不是自发的、主动的，而是被逼到绝境，才不得已而为之。再次，德、日一投降，统一战线内部迅速瓦解，表明这个统一阵线的短期性。

由此可见，原有结论并不是无懈可击。

纵观战争史，在马其顿国王亚历山大的征服战争中，有埃及、西亚人民的反侵略行动，更有马其顿境内各族人民反对战争的行动。波斯大流士征服战争，给波斯带来了大量财富，也带来了深重灾难，于是波斯本土人民反对战争，被征服地区的人民掀起反抗斗争。后来，查理大帝、蒙古可汗的征服中，同样有人民的反抗斗争和反战行动，因之导致查理帝国和蒙古几大汗国的崩溃。英法百年战争，法国在爱国平民的反抗斗争中迅速收复失地，英国人民也不希望战争继续，这场旷日持久的战争才宣告结束。也不妨说十字军东侵是中世纪一次特殊的战例。不管是谁煽动的，参加东征的十字军，至少从表象上看是人民"自愿"组成的。至于拿破仑发动的战争则构成了一个时代——拿破仑时代。拿破仑动员了法国所有民众,进行的是一场“全民战争”,所以才能征服欧洲,但被征服地区人民的反抗斗争不时发生。

把世界史上这几次重要的战争联系起来,就可以看出,每次大规模的或旷日持久的战争,其中间或尾声(极个别是自始至终)都有人民的反战行动。不管是力图摆脱外敌控制,还是反对本国统治阶级继续进行对外战争,表现形式都是相似的。

但值得注意的是,普通民众的反战或反侵略行动,都是在战争带来的灾难威胁人们的生活和生存时才产生的。也就是说,人民反战只是被逼上绝路才采取的行动。至于对战争本身的清醒认识是根本谈不上的。人民的反战或反征服行动本身也构成战争的一部分,甚至加大了战争的烈度。况且,“战时,要保持团结并不太难,因为有一个打败敌人的共同目标,这一点谁都清楚。艰难的工作在战后,那时各种不同的利害关系往往会使同盟国分裂”①。不仅“二战”的情形如此,历次战争中人民的团结和战后的离析也是这样的。总之,不能因为人民采取“反战行动”,就过高估计人民的觉悟和清醒程度。

基本论断:战争和实际利益有关

“战争在历史上一直是解决不同民族和国家之间利益和冲突的最后(或曰最高)手段。”战争能否避免,取决于多种因素。但有一点是清楚的:战争是人发动的,由动机和意图驱

---

① 斯塔夫里阿诺斯:《全球通史》下册,上海社会科学院出版社 1999 年版,第 784 页。

使，所以战争不是客观的或注定的。没有抽象的战争。

人类在其生存和发展史上，一次次走出战争，又走进战争。吃战争的亏，产生反战意识和行动，但战后和平维持不久，又有新的战争。战争是两个以上国家决策者发动的，似乎“人民”是无辜的，但新的战争发动者，往往是前次战争中的“人民”，不会对战争缺少感性和理性认识。“一场战争打不打得起来，什么时候打起来……个人的作用和偶然性因素，发挥着更大作用。”[①]既然对战争后果有清醒认识，既然战争的决定性最终落在较为主动的开战决策者身上，战争依然没可能被制止，其烈度却越来越大，不能不说明一个实质性的问题：构成各个国家“大厦”主体的“人民群众”，他们对战争的认识还是从利弊两方面着眼的。战争虽会带来灾难性后果，但也会带来好处——用别的手段得不到的东西。给别国人民带去灾难，也许给本国带来利益。普通民众正是从这一点出发，才常常表现出对于发动对外战争的支持，或者至少是一种默许。决策者能发动和挑起战争，是取决于民众意向的。当然，第二次世界大战的教训最深刻。人们最怵“核毁灭”，但不得不承认，即使在今天，军国主义并未被彻底清除。这说明什么问题呢？如果还有战争煽动，能保证人民的头脑都清醒？

实际上也没有抽象的反战行动。

从“二战”史中，人们清楚地看到，战争意味着交战双方的共同毁灭。但几十年来，局部战争、小规模战争从未间断过。

---

① 潘人杰、李巨廉：《时代·格局·人——关于世界大战起源问题的若干思考》，见《世界历史》1989年第1期。

即使核战争意味着同归于尽,可是很多人没有放弃用战争手段解决国家间、民族间的争端,这又说明了什么呢?是什么驱使人们在20世纪的后几十年里,冒着引发世界大战的危险,仍然频频使用“战争”手段?

也许,历史上的战争是无法避免的,但人们曾试图限制战争。西方曾有“有限战争”理论,亦有“有限战争”实践,在目标、手段、范围、时间等方面,有意识地加以限制。格劳秀斯的《战争与和平法》,瓦特尔的《万国公约》等书,是著名的“有限战争”论著。从17世纪下半期到18世纪90年代,欧洲战争连绵不断,但基本都是:战争目标有限,战略技术保守,战争进程持久。也算是当时各国政治家和军事统帅们“有限战争”的实践,然而,拿破仑战争却把人们美好的理想破坏了。

在拿破仑战争之后的一个世纪,欧洲各国的政治家和军事家们的着眼点,在于如何把战争限制在对自己有利的范围内。然而,两次世界大战又使人们的理想彻底破灭。

战争史说明:人本能地“趋利避害”是问题的实质

鲁迅先生曾说:“不是很大的鞭子打在背上,中国人是不会动的。”其实,不仅中国人如此,世界上几乎所有的民族在某些方面都是如此,也不妨说,不是很大的鞭子打在背上,世界人民是不会动的。

趋利避害是人类的本能。

我们不能因看到人民的反战行动,就惊喜于人民的理智、清醒、英明的行动。显然,没有村庄房屋被毁,没有炮弹落在身边，没有沉重的赋税和兵役负担压在肩上，没有被逼得走投无路，人们是不会起来反抗的。在走投无路时，你号召他们干什么，他们就干什么，只要有活路。第一次世界大战期间，以德国为例，当时共动员了 1 300 万兵力，占全国青壮年的一半以上，大批劳动力投入军火生产，大片土地荒芜，粮食产量急剧下降。1916 年只有 29 亿千克小麦（战前每年达 44 亿千克），连马铃薯都减产一半，生活日用品奇缺，面包、肉类、油脂、糖、茶、服装、鞋帽、燃料等都凭票供应。1915 年每人配给面粉 225 克，1917 年减少为 170 克，其中 1916 年的冬天是“萝卜的冬天”。如此惨景，曾经相信本国政府可能通过战争获得财富和光荣的德国人民，能不掀起反战运动吗？而英、法陷入战争之后，其境况不比德国好多少，两国人民能继续支持战争吗？至于其他被侵略国的人民，面临国破家亡，能不行动起来吗？但仅此而已。

人类又有趋利的一面。哪怕战争意味着灾难性毁灭，人们宁可相信，通过战争能得到大量财富、荣耀和需求的满足，那么人们照样会采取战争手段。第二次世界大战全面爆发前，英、法等国为避免战争作出了外交上的努力，这几个国家的人民也是支持外交官进行斡旋的，不希望战争发生。但绝不是考虑到战争给世界带来灾难，他们只是担心战火烧着本国领土，会使自己失去许多。同时，在外交上牺牲弱小国家利益，他们是不痛不痒的。美国人在大战刚爆发时反对卷入战争，只是为自己本国利益着想，宁可隔岸观火。“二战”前如果真是“和平主义和反战情绪弥漫世界”，那是因为离“一战”的灾难很近。而“二战”至今已有七十多年，尽管小规模冲突和局部战争并未间断，但毕竟主要大国之间一直没有战事，这是值得庆幸的。有多少人对“二战”的灾难“记忆犹新”呢？至于轴心三国的人民，一开始肯定还是向往统治者给他们描绘的“共荣圈”“生存空间”“新秩序”的，直到战争陷入持久战不能自拔，饥饿和死亡威胁着自己时，轴心国人民中才有反战运动，但毕竟不是主流。

“第一次世界大战导致了中欧和东欧的革命，导致了革命对西欧的威胁。第二次世界大战却没有激起类似的动乱（至少在欧洲如此），革命并没有震撼欧洲大陆，尽管第二次世界大战比第一次世界大战带来了更大的物质损失和政治混乱。一个原因是平民大众极度疲乏。那些幸存下来的人已经历了前所未有的穷困和混乱……诸民族的这种大规模的重组和伴随而来的寒冷、饥饿和疾病一起使大多数欧洲人疲惫不堪，垂头丧气，不想革命。”①

殖民地半殖民地人民，在“二战”后相继进行了卓有成效的革命，但革命后，建立新国家、探索发展道路的过程中，经济上的挫折或者政治运动，各种人为灾难也使人们疲惫、消沉。

那么，对战争的记忆呢？对战争的清醒认识呢？我们不能过高估计。

一个事实：战后人们并不去认真思考和反省

还得承认：人类关心眼前的利害，远胜于清醒地认识战

---

① 斯塔夫里阿诺斯：《全球通史》下册，第784—785页。

争。战争会“教育人民”,但只教育了饱尝战乱灾祸的战争中的人民。

理由是很简单的,战后人们认识战争,本应该比战争中认识得清楚。关键是人们不会去花费心思。

身临战争,目睹汹汹战祸,对战争的灾难和破坏,从感性上得到体验,人们因之而觉悟、猛醒,于是行动起来,投入反战行列,也就投入战争行列是很自然的事。后来的人,远离战争的人们,对战争尤其是“二战”的认识本不应很浅薄,因为只有在战后,人们才清楚地知道:“二战”殃及2 200万平方千米,卷入战争的有61个国家,参战人数达1.1亿人,战争造成直接损失和间接损失高达4万亿美元。当时在战争中的人怎么清楚呢?也正是后来的学者们才统计出触目惊心的数据:“二战”中死亡人数当在5 500万人左右。①

然而,战后的人们,在多大程度上,认真、严肃地从战争的真正意义上去认识战争?纳粹在战争中残酷地屠杀无辜的平民,甚至实行焦土政策,制造人为饥荒,通过疫病传染等不人道的方式减少占领区人口。那么,面对以上事实,从战争中走出来的人的感觉和看法,同今天人们的感想怎能一样呢?将如此残酷的事实写进历史,能教育哪些人呢?教育受害者们的后代,还是德、意、日人民的后代呢?

“二战”结束了,人民欢呼胜利,歌颂功德,然后各国忙于分割政治利益。美、苏、英等大国,在战后忙于“新秩序”和获

---

① 索科洛夫主编:《第二次世界大战的总结和教训》,军事科学出版社1988年版,第328—329页。

取更多的利益;中国、印度尼西亚、菲律宾、印度等是另一种类型,它们忙于建立新国家,确立新制度,对付了外国侵略者,还得推翻本国的反动统治,然后将全部精力投入建设;德、意、日彻底惨败又被制裁,军事力量至少暂时解除,国际舞台上没有主要席位。总之,战后各国、各民族的人民关心各自的眼前利益,没时间和精力去认识和反省。

结语:能否避免战争,取决于人们是否重视历史

正如汤因比所说:"未来是难以预料的,因为它还没有成为现实。其潜在的可能是无限的,所以人们不能根据过去推测未来。毋庸置疑,过去发生的一切事情,如果条件相同,仍会重演。但是,过去发生的事情并不一定会重演,它仅仅是许多未知的可能性之一,有些可能性是不可预料的,原因在于人们不知道过去的先例。"①

战后的数十年,尽管局部战争、暴力冲突从未间断,但新的世界大战终究没有发生。"当今时代的希望和危险远远超过世界历史上的任何时代。人类还从未看到展现在他们面前如此灿烂夺目的前景,但人们同样也从未见识过潜伏在这种景象后面的蘑菇云。"②

现今,我们至少得对以下事实深刻反思:

其一,战后关于战争的教育是不够的。连日本某些有眼光的学者都承认:"日本在对待这场战争的态度上和对下一代

---

① 汤因比:《人类与大地母亲》,上海人民出版社 1992 年版,第 713—714 页。

② 斯塔夫里阿诺斯:《全球通史》下册,第 912 页。

的教育上都有问题。对于明明白白进行了侵略战争这一事实没有对下一代进行正确教育。一提到战争问题,先是议论天皇是否有责任,而从未考虑日本国作为一个整体,对别国、对其他民族是否负有战争责任。”还有战争赔偿问题,“如不同时进行历史教育,会单纯看成钱的问题”。

其二,战后数十年,第三世界国家之间有战争,社会主义国家之间有战争和武装冲突,但发达资本主义国家之间无战事。原因何在,这是值得探究的。

其三,科技革命,资本主义世界经济利益的相互渗透,资本主义世界内部力量的多元化趋势等,大概是抑制战争的因素。但同时得警惕,科技战、贸易战、金融战引发新的危机。

其四,我们应看清人类自身的优势和缺陷,冷静地认识和估量自己。因为“光有知识和技能并不能使人类过上幸福而优裕的生活,人类有充分理由把对高尚的道德准则和价值观念的赞美置于对客观真理的发现之上”①。

上述几点,大概是人们真正应思考和吸取的教训。

归根结底,对战争的危险性估计过低,会盲目乐观;估计过高,会彻底悲观。但人们不是乐观的极端就是悲观的极端。原因何在? 是人们对战争的认识远远不够。人们盲目、不清醒的根源在于:过分注重眼前利益,常常忽视历史。

---

① 爱因斯坦的话,见斯塔夫里阿诺斯:《全球通史》下册,第911页。

第二辑　帝国背影

西风吹水绿参差

近代以来的“西化”，是常谈常新的议题。在东方国家中，奥斯曼帝国和大清帝国的西化都不如日本那样有效，虽学习西方几十年，却没有达到预期目标，国未富，兵不强。擅长打仗的奥斯曼土耳其人18—19世纪屡战屡败，做梦都想“强兵”，因此，奥斯曼帝国的改革起初是军事改革，学习西方军事知识和技能。后来发现，组建并训练新式军队没钱不行，才开始改革税制，发展经济。这些改革不能见效，便考虑到改革政府机构，制定法律。在西方国家的“诱导”和“帮助”下，一度颁布宪法，召开议会，改革大业风生水起，但很快退回到专制统治。奇妙的是，政治上专制，经济、教育、军事领域继续西化，社会逐步开放。若从表面看西化效果，奥斯曼帝国社会风气的变化速度一点也不慢，尤其是达官贵人和富裕阶层的消费方式，虽不是“日日新”，但至少是“年年变”，而且变化的幅度也不小。西方人怎么享受，奥斯曼帝国的达官贵人和富商大贾就怎么享受，丝毫不落后于西方。相比之下，晚清中国社会的西化，表面的变化实在有限。

二

早在18世纪前期，奥斯曼上流社会就热衷于“西化”。艾哈迈德三世倡导学习西方文化，翻译科学书籍，还喜欢法国风格的建筑，曾在宫门外修建了仿巴黎卢浮宫的喷水池。奥斯曼帝国历史上的“郁金香时代”（1703—1730年），就指艾哈迈德三世统治时期。当时，种植荷兰的郁金香成为一种时髦。尤其是在18世纪20年代，“郁金香热”席卷宫廷。郁金香不但花圃里种植，还出现在镶嵌画和纺织品中，成为皇室的象征。奥斯曼帝国的诗人也以郁金香为题材吟诗，画家以郁金香为题材作画。伴随着郁金香热，宫廷出现享乐风气，借着各种庆典和喜事，不断举行盛大的花卉展，不惜花大把的钱。游园、赏花、举办各种节日宴会，达官贵人流连于各种盛宴，香车宝马，极尽声色之娱。高官们的心思，主要放在休闲和消费上，互相攀比，奢侈风气蔓延。

据记载，艾哈迈德三世在远离托普卡帕宫的地方建造了一座大型逍遥宫，实际上是一个娱乐中心，名为“萨达巴特”（Sa‘dabat），意为“快乐之地”。建造此宫时，从巴黎购买来枫丹白露宫的素描做模型。主建筑的周围有豪华的亭阁、雕塑、水池、花园、喷泉。大臣和贵族竞相模仿，在伊斯坦布尔建起了许多私人豪宅，也带有亭阁、雕塑、水池、花园、喷泉。博斯普鲁斯海峡和金角湾周围逐渐变成富人区，花园、喷泉、郁金香成为主要景观。

在西化改革中，号称铁腕的苏丹马哈茂德二世，除了推行各项改革，还大兴土木，修建新宫殿，名为道尔马巴赫彻宫(Dolmabahçe Sarayı)。不过，他还没有住进去就病逝了。继任苏丹阿卜杜·麦吉德于 1853 年搬进道尔马巴赫彻宫。这座宫殿很豪华，是法国风格，宫内的一些摆设和装潢也模仿凡尔赛宫。宫殿全长 800 英尺，有 285 个房间，里面枝形吊灯据说是世界上最重的。后来，苏丹阿卜杜·阿齐兹访问英国和法国，看到巴黎和伦敦的繁华，深受鼓舞，下决心回国后进行西化改革，要使奥斯曼帝国和英国、法国一样富庶。于是，他把他在欧洲看到的礼仪搬到宫廷里，也让大臣们实践，他看到的那些欧式建筑，依样在伊斯坦布尔建造。例如他派人建造了凯旋门，建造了一些宫殿。借着西化改革，19 世纪的苏丹们还修建了不少宫殿，如 1856—1857 年建造了库楚克苏宫，1865 年建造了贝勒贝伊宫，1874 年建成彻拉昂宫，哈米德二世时期还修建了耶尔德兹宫。

宫廷的“示范”之后，欧式家具和生活用品，如欧式的桌椅等，堂而皇之地摆在达官贵人和富裕市民的家里。室内装饰也采用法国风格。欧式的沙发、椅子，取代了传统的长凳。在大城市和海港城市人们生活得更舒适，奥斯曼社会融入现代世界。商人、贵族和社会名流从旧城的住所走出来，住进博斯普鲁斯的意大利式别墅。上流社会喜欢邀请一些西方享有盛名的画家，来为达官贵族及其家属画肖像。奥斯曼帝国的大城市里，修建了不少法国风格的公园。法国、意大利的歌剧、音乐和各种表演也流行于伊斯坦布尔等大城市。伊斯坦布尔显得尤其繁华、时髦，借用中国古诗的句式，可以这样描述："洋风熏得达官醉，直把伊城当巴黎。"

二

西洋之风吹拂，奥斯曼社会多方面发生了看得见的变化。

新军队虽然不能打胜仗，军官晋升依然靠关系和门路，但军人穿着整齐的崭新军服，挎着欧式洋枪，使用新式大炮，海军战舰堪与法国和意大利战舰媲美，一派新气象，俨然现代化军队。尽管官场作风没变，等级和特权依然如故，但政府衙门早就改造成内政部、外交部、财政部、农业部、工程部等，各部大臣和大小官员们，戴着费兹帽，穿着欧式的马靴、黑皮鞋、礼服大衣。服务人员也穿着整齐的西式服装，政府门面已被装点得完全西方化。不少官员能说英语、法语或德语，与西方人打交道不成问题。

从社会风气来看，19 世纪的奥斯曼社会已经与 17 世纪和 18 世纪不同。土耳其人去西欧各大城市参观、学习的增多；学法语和英语的土耳其人越来越多。土耳其的青年人模仿法国诗歌、艺术，钻研西方哲学，也仿照西欧上层社会的方式组织沙龙，建立民间团体；法国人的生活方式，法国人的礼仪，当然还有法国的自由主义，一时间在奥斯曼社会流行。出现大量的报刊、杂志和书籍，政治学、历史学、传记和哲学是当时流行的讨论课题。"欧洲时尚"迅速变成土耳其时尚。1856 年的《巴黎条约》承认奥斯曼帝国是一个欧洲国家，从那时起，奥斯曼帝国首都伊斯坦布尔被当作欧洲的都市之一，成百上千的欧洲人这一时期进入伊斯坦布尔定居。当然,上行下效,热衷于西方式的休闲和消费,互相攀比,奢侈风气在帝国蔓延。按照古德温的说法:"世界从宁静的中世纪转入了忙碌、专横、投机取巧的新时代。"①

在奥斯曼帝国,土耳其人和阿拉伯人都信仰伊斯兰教,按理说,社会习俗和消费方式的改变是困难的,有的书里说,西化改革遇到的阻碍之一是社会习俗改革难度大。因为,在伊斯兰社会每个穆斯林的服饰、习惯都关系到宗教信仰,尤其服饰本身就是穆斯林与异教徒的标志,服饰是代表身份和地位的标志,不能随意僭越。为了预防服饰的改革可能引起的反应,苏丹准备在必要时动用武力应对抗议行为。然而,从结果看,上流社会、统治阶层、富裕阶层的"变革"一点也不难。伊斯兰教徒喜欢过有秩序的、安静的生活。以前在城市里,白天市场开放时,人潮涌动,各色人等混在一起,热闹非凡,但一到晚上,市场关闭,广场一类的地方较少,各个区域的人待在自己家里,只有执行巡逻的人员在街上。土耳其人始终保持游牧民族的特点,谨慎、维护隐私、不张扬、礼貌。不喜欢把所有物品铺开摆放,而喜欢收在袋子里,挂在钩子上。奥斯曼土耳其人总是优雅地捧着水烟管,斜靠着吸烟。奥斯曼土耳其人的礼貌也很含蓄。但是,当欧洲的时尚、欧洲的消费方式"袭来",这些习惯、这些生活方式怎么就"一触即溃"了呢?忍不住猜测,宗教信仰只对那些诚实、本分的中下层劳动者有约束

---

① 杰森·古德温:《奥斯曼帝国闲史》,江苏人民出版社 2010 年版。

力,对上层人物没有约束力?或者说,在高官和富人看来,信仰只是手段,宗教只是工具?

三

中国晚清,西化改革从洋务运动算起,到1911年“十九条”颁布,前后大约半个世纪。从改革措施看,洋务派实权人物主要抓大事,还没顾得上服饰、礼仪等“细枝末节”。洋务运动是“自强”“求富”,实践是“制器自强”。1863年上海始有洋炮局,1865年改造扩建为江南制造总局,号称近代中国第一座大型兵工厂。该厂生产的“海安”号和“驭远”号轮船排水量达到2 800吨,已经很了不起,但比起奥斯曼帝国埃及行省的亚历山大造船厂,还是差远了。从时间看,苏丹塞利姆三世创建兵工厂和造船厂,比李鸿章创办江南制造总局早70多年。

晚清有江南制造总局、福州船政局、金陵制造局、天津机器局,能够制造各种口径的大炮、炮弹、枪弹、军用品,能够造战船,尤其福州船政局达到“独立设计制造,仿造铁肋兵轮,仿造巡海快船”,实属不易。江南制造总局还附设翻译馆,译出大量科技书籍,福州船政局附设船政学堂,培养人才,均值得称道。算上轮船招商局、开平矿务局、天津电报总局、上海机器织布局等,连同私企(广东的继昌隆缫丝厂等),中国始有民用工业。不过,和奥斯曼帝国相比,晚清的西化成果有限。西化改革的路径,是从军事技术、武器制造,到民用工业、各式工厂、矿山开采等逐步发展。在政治改革中,衙门改造为政府部门,制定和颁布法律,设议院、变政体都是很晚的事。基础设施、市政交通、城市面貌的改观，衣食住行的变化，在北京等地相对较迟缓。改革没有触及广大农村地区。

以北京为例，1861年设立的总理各国事务衙门，在中式建筑里办公，大门是牌坊式样。总税务司迁到北京后，在一座四合院内办公。庚子（1900年）之后，北京才有了人力车；服饰、餐饮等才有了变化，如西式餐饮出现在北京并逐渐流行。北京城市建设方面的新变化在“新政”之后。比如，1903年有了第一条碎石子铺面的马路（南御河桥路）；这一年也有了电话，在宫廷和各王府使用，1904年有了公用电话。1908年有了自来水。“新政”之后组建警察，维持良好的秩序，建造外国式的住房，使用电灯。宫廷里已经有了洋摆设，皇宫和高官家里也有了西洋的生活用品，但北京城比起当时的伊斯坦布尔，还是差远了。

相反，东南沿海的通商口岸等城市则得风气之先，早已变得“洋气”。外国的租界和居留地如上海、天津、广州、厦门、镇江、汉口、青岛，由于西方国家设立领事馆，开办工厂、银行、商行，连同住宅、教堂、医院、学校等，一批外国风格的建筑拔地而起，让中国人大开眼界。各种设施、机械的使用，城市面貌的变化明显：宽阔的马路、明亮的橱窗、花园洋房随处可见。家用设备有电灯、电话、电报、自鸣钟等，赛马、赛船、杂技、戏剧、舞会、俱乐部等西方的娱乐方式，这一切都明显“西洋化”。

以上海为例，在租界区外国人开设洋行，建造洋房，到1870年，外国洋行已达到343家。洋房林立、洋货充盈，各种洋货、奇器琳琅满目,让中国人大开眼界。最典型的洋建筑,如英国驻沪总领事馆(中山东一路33号,外滩建筑群中最古老的建筑物,1849年始建,1870年被毁,1872年重建),中央饭店(1850年代建,后改为汇中饭店),江海北关大楼(1891—1893年翻建成哥特式建筑,有33米高的钟楼),汇丰银行大楼(1873年建),中国通商银行(1906年翻建),华俄道胜银行大楼(1902年建成)等。1865年,上海街头出现煤气灯。煤气灯先在洋行内试点,后来南京路上点起煤气街灯。19世纪70年代,缝纫机在上海制衣行业中已经流行。到19世纪80年代,煤气灯在上海已很普遍。1882年上海出现电灯。1868年,上海出现电报,街头出现自行车。1881年,上海丹麦商人的大北电报公司筹办电话业务。1882年上海有了自来水。

据张焘《津门杂记》记载,19世纪70年代的天津,街道宽平,洋房整齐,电线连成蛛网,路灯列若繁星。1879年,天津和大沽、烟台之间架线试设电报,用于北洋军务。在厦门、青岛等城市,教堂和西式洋房成为独特风景。

上海等城市的崛起和西化,与政府的西化改革无关,是发生在体制外的变化。

四

同样是"西化",在不同国家效果不一样;在同一国家,不同领域的效果也有差别。奥斯曼帝国和晚清的西化改革,相似点是:急功近利,以借用西方文明为手段,目标是保持皇朝永固。不同点是:对西方的认识不同,西化的措施不同,改革的侧重点不一样，外国支持程度也不同。尤其是奥斯曼帝国，近水楼台先得月——消费方式和生活享乐迅速西化，但特权和等级没有改变。

两个帝国的西化改革都是形势所迫，内忧外患，不改革就被动挨打，甚至王朝倾覆。西化改革过程，都是由器物引进到制度变革，起初都是学习军事技术，建造兵工厂，建立新式军队，后来涉及经济、文化教育，最后变革政治制度不顺利。但社会风气的积极变化，有赖于文化教育改革。无论奥斯曼帝国还是中国晚清，建立学校，聘请外国教师，派遣留学生，建立报馆，创办报纸杂志，介绍西学，使社会面貌发生深刻变化。既造就了新的知识分子群体，又推动整个社会普通人思想观念的转变。

还有一个明显的现象，一旦国门打开，或者统治者提倡向外国学习，首先学到的是消费方式、享乐方式，容易借鉴的是技术层面的东西，最难的是制度变革。比如奥斯曼帝国，引进技术、吸引外资、发展贸易、改变社会习俗都不难做到；打破特权、裁撤冗员、建立社会公正是困难的，每次改革都未能啃下这些"硬骨头"。从这个意义上看，中国晚清的西化程度也不深。

近代工业文明的冲击，对落后国家而言不可阻挡，但未必都是依靠船坚炮利强行推广。西方的进步和文明，"地球人"有目共睹，落后国家的学习大多数是主动的。借用画家、作家木心的话："异邦的春风旁若无人地吹，芳草漫不经心地绿。"东方国家的人按捺不住自己的好奇心，忍不住朝外看，会感受到什么是好，什么是时髦，消费方式也罢，享乐方式也罢，会主动作出选择。所以,我的看法是,“西风吹水”是西方优势造成的,至于有的地方跟着“绿”,有的地方未曾“绿”,有的地方“淡绿”“嫩绿”颇不均匀,纯属于程度的差异,趋势是挡不住的。我这里仅仅说表面上看得见的变化。

奥斯曼帝国官员的谎言

在奥斯曼帝国晚期,官员们要保住官位必须学会说谎。为什么呢?帝国的最高统治者苏丹喜欢听好消息,但不幸的是各个行业没有捷报,只有一个连一个的坏消息,怎么办呢?大臣只能编瞎话,骗苏丹。

土耳其人原来最擅长的是打仗,从小亚细亚一直打到维也纳城下,欧洲人一听到土耳其人来了就害怕。可是,自 1697 年被奥地利军队打败之后,两个世纪里打了无数次的仗,几乎每战必败,每次失败,必然丧失土地,边疆逐渐萎缩。18 世纪和 19 世纪俄国多次南下侵吞奥斯曼帝国领土,而土耳其人总是败得很惨,没有还手之力。对土耳其人来说,停止了对外扩张,国家就失去了财源,军人就没有前程,属地和行省就要闹分裂,国家的政治就失去稳定。一个多世纪的军事失败,严重挫伤了土耳其人的精神和斗志。可是,身在宫中神经紧张的苏丹,多么希望获胜。在实际上不能获胜的情况下,官员的谎话就显得非常及时,非常必要。

奥斯曼帝国的统治者一代不如一代（因为皇位继承人中登上苏丹宝座的一位要杀死其他兄弟，皇室因而人丁不旺）。有的苏丹不能正常执政，权力被后妃或大臣所操控。宫廷和政府重要职位的取得，不依靠处理政务的能力，而是靠行贿、说谎、邀宠等手段。比如穆罕默德四世大部分时间在狩猎，在与嫔妃的娱乐中消磨时光，官员的任免权由后宫操纵，奸佞之徒兴风作浪。在暗无天日的政界，展开了行贿和说谎的“大比拼”，有行政能力但不善于或不愿意说谎的官员，不是被免职、流放，就是遭受杀身之祸。帝国财政经常入不敷出，经常拖欠军队薪饷，军队多次出现哗变，军官们也不敢报告真实情况，只能编假话。各地叛乱和反抗活动此起彼伏，暴力、匪患随处都有，不稳定因素遍布整个帝国，地方官应付不了。但是，为了不至于受罚，官员们只能多次瞒报、谎报，直到有的地方民变发展为大规模的起义，纸包不住火，往往是外国驻土耳其的官员把真实情况报告大维齐（相当于宰相），大维齐奏苏丹知道，苏丹才慌了神。

即使是少数有作为的苏丹，也喜欢“掩耳盗铃”。马哈茂德二世要让留学生到西方国家学习科学技术，却不让他们受到西方文化观念的“感染”。他指示负责留学的机构：尽量让留学法国的土耳其青年不要学习法语，仅仅学习法国的科学技术就可以了；最好让留学生住在巴黎以外的地方。这也真是世界留学生史上的奇闻，恰如夏洛克的协定：只割一磅肉，不要一滴血。只学科学技术而不“沾染”法国文化观念，实际上是办不到的，留学机构负责人只能编瞎话让苏丹放心。

说谎归说谎,有的事实是掩盖不住的。埃及行省从1805年就另起炉灶了,但表面上维持对苏丹的忠诚,后来总督阿里终于与苏丹兵戎相见(1831年、1839年发生两次战争)。马哈茂德二世是个有作为的君主,他不愿意听谎言,他要的是真实军情,结果在焦虑和忧惧中死了。后来的苏丹再也不敢听大臣提起埃及。到1882年埃及被英国占领,苏丹宁愿装作不知道,大臣的奏折和官府报纸、文件中,埃及仍是苏丹直接统治下的行省。希腊1831年脱离奥斯曼帝国独立,马其顿、波斯尼亚、保加利亚都是闹独立的地区,苏丹害怕听到这些消息,文件和报纸要避免出现这些地名。一旦哪个官员说漏嘴,就不仅仅是丢掉官帽这么简单了。

帝国晚期统治时间最长的是阿卜杜·哈米德二世,他统治时期不仅官员要说谎,报纸、期刊、各级新闻单位也要说谎,身边的仆人、巫师也要揣摩心思编瞎话。比如,任何官方文书、报纸、印刷品中都不能提到被废黜的苏丹穆拉德五世,不能出现“亚美尼亚”这个词。偶然出现“亚美尼亚”,负责新闻审查的官员马上指出:我国“没有亚美尼亚这个地方”。为什么呢?是因为发生了亚美亚人的大屠杀事件,西方大国不断指责阿卜杜·哈米德二世,这使他非常气恼。后来,新闻检查要求禁止的术语越来越多,新闻工作者防不胜防。更为荒唐的是,国外发生的大事,也要事先想好以什么方式来报道。某个国家的国王死了,死因也要隐瞒,至少要变成让苏丹能接受的病因。比如,奥地利皇后伊丽莎白的死,不能说是由于宫廷政变,而是死于肺炎。法国总统卡诺、美国总统麦金莱的死,不能说是遇刺,而要说成是中风或者其他什么病。巴尔干属地塞尔维亚的国王突然死去,土耳其报纸说成是“消化不良所致”。凡是有可能让苏丹看到的报纸、文书,都有一批人专门挖空心思编谎话。当然,最大的谎言是1878年已经废除了宪政,但此后30年里每年的政府公告中都要把宪法条文写出来,表明奥斯曼帝国自1876年以来一直实行的是宪政。这既是给欧洲人看的,也是让本国民众看的。

苏丹阿卜杜·哈米德二世在谎言编织的大网里舒服地待着,直到有一天苏丹家族的人也起来背叛他。比如萨巴赫丁亲王离开奥斯曼帝国,到法国组建反抗组织。直到巴尔干半岛的叛乱军队围攻首都,进逼皇宫,提出恢复宪法,要求他退位,他才知道问题的严重。

苏丹怕“限权”，臣民怕“平等”

奥斯曼帝国的西化改革起步早、持续时间长，不管效果如何，反正每次“动静”很大。正因如此，奥斯曼帝国的改革总会被关注。翻阅历史类期刊就会发现，每隔一段时间总有人写关于奥斯曼帝国改革的文章，国内不少书中也提到奥斯曼改革或土耳其改革。为了完成一项国家课题，我也试图探究奥斯曼帝国改革的方方面面。不敢说大量阅读，至少是力所能及地阅读了一些欧美学者和土耳其学者涉及奥斯曼帝国改革的文献和论著，对奥斯曼帝国的改革算是有较为细致的了解，也产生一些林林总总的看法。其中，对奥斯曼帝国政治改革的特殊性，也有一点粗浅的认识。

奥斯曼帝国历史上的多次改革，并不是非要长篇大论才能说明白。政府出台改革政策、奥斯曼帝国大张旗鼓地改革始于 1792 年，即塞利姆三世当政的第四年。而局部的革新，比如引进西方的技术、购买西式武器、创办技术学校，前任苏丹阿卜杜·哈米德一世就尝试过。至于学习欧式的建筑，模仿欧洲人的生活方式,在“郁金香时代”(1703—1730 年)就开始了。奥斯曼帝国改革的大体路径与其他落后国家的改革并没有差别,首先是军事改革,接着技术引进,稍深入就是经济改革,最后是政治改革,即仿建西方的政治制度。改革目标是富国强兵,改革内容是学习欧洲经验,改造传统社会。虽然富国强兵的愿望始终未能实现,但军事改革和经济改革多多少少都有成果,社会习俗和年轻人观念变化之快,更是不以统治者的意志为转移。遇到问题的还是政治改革,因为政治改革远比技术引进和经济改革的难度大,而取得的成效不如后者。

政治改革是改变制度,改变制度意味着权力再分配,一般情况下,既得利益集团的反对总是最激烈,所以政治改革总是阻力大,改革幅度小,难见成效,而且风险大,弄不好要出乱子。不过,奥斯曼帝国政治改革的具体情况却有所不同。塞利姆三世(1789—1807 年在位)在改革军队方面作了努力,没来得及进行其他改革就被废黜。马哈茂德二世(1808—1839 年在位)的军事改革、经济改革均取得成效,政治改革只迈出第一步,把帝国各级衙门改换成西欧模式的政府部门,设立咨询和审议机构,并致力于革除官场陋习。可惜,由于希腊人闹独立,埃及总督挑战苏丹权威,俄国军队入侵,帝国的改革让位于维护国内稳定、保卫国家主权。1839 年马哈茂德二世病逝,新苏丹阿卜杜·麦吉德上台,立即颁布改革法令——“古尔汗法令”,高调地向本国臣民和欧洲使节宣示:奥斯曼帝国要掀起一场全面的改革运动。随之产生了一个专门术语“坦齐马特”(指 1839 年开始的改革和整顿)。10 多年之后(1856

年）又颁布新的帝国改革法令，这个法令比第一个法令更具有可操作性。奇妙的是：奥斯曼帝国政治改革一开始遇到的阻力并不大。改革派代表如雷希德帕夏、富阿德帕夏都是实权人物，他们了解西方的法律和政治制度，也是实干家，说改就改，行政管理、财政、军事、司法、教育，几乎就是全面铺开。以前的改革总是受制于旧军队，如今帝国的新军（1826 年取代旧军队）是欧洲式的军队，军事将领大多属于新派军人。资料显示宗教界权威人士也没有反对。广大农村和牧区是否欢迎政治改革，不得而知，但城市里的市民在“古尔汗法令”颁布后欢欣鼓舞。不管出于何种理由，至少说明“人心思变”，政治改革顺应了部分的“民意”。欧洲人希望看到保守的奥斯曼帝国出现政治变革，所以对“古尔汗法令”一片叫好声。

“古尔汗法令”和 1856 年的帝国改革法令中，关键的内容，一、明确宣布保障所有臣民的生命、荣誉和财产安全；二、宣称所有的臣民——穆斯林和非穆斯林——都是平等的；三、在纳税、服兵役等具体方面，各阶层有平等的权利和义务。当改革家描述改革前景时，上至苏丹，下至普通穆斯林都感到帝国富强和进步有希望，恨不得马上就改出个名堂来。一些人甚至认为，法令要是早点颁布、早点推行，许多难题早就解决了。等真正实践起来，好处并不怎么明显，缺点倒是暴露无遗，于是连起初支持改革很坚决的人，也起来攻击改革，几乎要把事情整个儿推翻。“坦齐马特”时期 37 年，两任苏丹阿卜杜·麦吉德和阿卜杜·阿齐兹全力以赴支持改革派搞改革，除了打仗（克里米亚战争）和借债，从未轻言放弃，而支持改革的臣民逐渐减少。由于国内矛盾加剧，1876 年 5 月，阿卜杜·阿齐兹在政变中被废黜，一年内连换了两位苏丹，后一位苏丹就是阿卜杜·哈米德二世(1876—1909 年在位)。

新苏丹刚一上台，政府就宣布实行宪政。1876 年，奥斯曼帝国历史上第一部宪法颁布，接着推选代表，召开议会，像模像样地搞了一场欧洲式制度的演练。经过前面几十年的改革实践，奥斯曼土耳其人逐渐明白，西欧国家的强大不仅仅靠经济和军事实力，奥斯曼帝国仅仅学习西方的技术还不行，还得模仿英、法等国的政治制度。既然如此，为什么不尽快在奥斯曼帝国实现欧洲宪政呢？说立宪就立宪，说选代表就选代表，阿卜杜·哈米德二世 1876 年 8 月登基，12 月就颁布了宪法，第二年就召开了议会。不过，到第三年就解散了议会(总共召开了两届议会)，在 1908 年革命之前有整整 30 年(1878—1908 年)没有再召开议会，经济、文化领域的改革没有停止，而政治上回到苏丹专制，老百姓的日子似乎重新变得安稳了。

总体来看，奥斯曼帝国的政治改革，无论出现挫折还是倒退，问题并不是遭遇反对派的强大阻力，也不是"改革不彻底"(比如没有发动民众等)，更不在于改革派软弱不软弱。恰恰相反，政治改革的起点高：1839 年破天荒地要把"权利""平等"以法令形式固定下来，1876 年快速地制定宪法，雷声才响，雨点就落下来(议会召开了)。奥斯曼帝国史相关资料显示，几乎各阶层都支持改革，看好改革。我们很难猜测，奥斯曼帝国各阶层怎么那么容易达到"共识"？我们知道，奥斯曼土耳其人后来成功地走上西化道路，主张西化的一派坐了江山，对历史上的改革有所夸大。不过，奥斯曼帝国历史上对改革达成“共识”的情况也是有的。比如 1792 年塞利姆三世提出要改革军队，那一次的御前会议上各个政治派别确实达成了“共识”，臣民也是支持的，因为俄国人已经打到黑海了，此前奥斯曼帝国与俄国打了一个世纪（17 世纪末—18 世纪末）的仗，没有赢过一次，再不改革军队，就要亡国了。1839 年和 1876 年的政治改革实践，我们排除史料夸大的成分，是不是可以理解为：奥斯曼帝国国内形势很严重，外患迫在眉睫，非改革政治制度不可；国内各阶层的利益都在受损，不支持改革不行？

不管怎么说，奥斯曼帝国的政治改革启动势头很猛，最高统治者苏丹本人决心大，改革派大臣支持强劲，反对力量弱，但是，随着改革措施的展开，情况就发生了微妙变化，不支持的多了，反对的意见多了，改革渐渐停顿，最后的结果，不是苏丹被废黜（如阿卜杜·阿齐兹被废），就是苏丹驱逐了立宪派（如阿卜杜·哈米德二世的做法）。

阿卜杜·哈米德二世为什么仅仅推行了两年宪政就停了呢。理由很简单：建立议会，实行选举，就是要让议员们参与国策；政府发挥独立行政职能，政府首脑就要行使国家行政权，宫廷就不再是整个国家唯一的权力中心了。这也就意味着，国家大事，不能由苏丹一个人说了算。苏丹此时才明白，原来所谓的宪政，就是限制苏丹的权力，国家的权力中心要从皇宫移向政府、议会所在地。这怎么行？苏丹无论如何不能忍受议会、政府与皇宫的并行，不能忍受苏丹本人与议长、政府首脑之间权责的划分。于是这位苏丹解散议会，推行独裁统治30多年,他觉得:还是一个人说了算更好,居高临下是多么过瘾。

其实,自马哈茂德二世的政治改革起步,到后来的"坦齐马特",前后几位苏丹都面临着同样的困惑:不引进西方的制度,单纯的技术引进和局部改革不足以富国强兵,但西式的制度就要限制君主的权力。倘若苏丹权力弱化,行省和属地就会闹独立,苏丹必然失去权威。只有加强中央集权,才能防止地方势力分裂割据,但这样做与西化的目标背道而驰。如何解决这个矛盾呢?几任苏丹的办法是:改革要进行,苏丹的权力不但不能受限制还要强化。结果是,经济、法律、教育改革取得了许多"标志性成果"(编制国家预算,建立国家银行和私人银行,废除包税制,改革了土地制度,发展了商业;设立混合法庭,颁布了民法典、商法典;颁布了教育法,开办了新式中小学和大学),但政治上加强了对地方的控制,比改革前更加集权,以至于后人批评其为"独裁式的现代化"。

再看奥斯曼帝国各阶层对待政治改革的态度。各个阶层起初都支持改革,并且热情很高,为什么后来又变得不热心甚至反对了呢?首先,帝国改革的两道法令涉及政治权利方面的东西,并没有落到实处。改革派描绘的改革蓝图,依然停留在纸上。经济、法律、教育等领域的改革,得到好处、得到实惠的毕竟是少数人。理想与实际明明白白的反差,浇灭了一部分人的政治改革热情。其次,需要进一步探究的是,西方人和后来的土耳其人评价很高的"进步原则"(法令中提出的"权利""平等")倘若落到实处,有多少人需要,有多少人欢迎?

“坦齐马特”时期的法令颁布后，享有特权的穆斯林的反应是：非穆斯林（基督教徒、犹太教徒等）怎么能和穆斯林平起平坐呢？有的穆斯林认为把特权给予非穆斯林是不合适的。穆斯林知识分子援引“沙里亚”（伊斯兰法），说，把权利让给基督教徒，是与神圣的伊斯兰法则相违背的。在落实改革措施的过程中，宗教界人士也必须纳税（本来除了宗教义务“天课”外不向政府纳税），政府坚持征收人头税，宗教界人士严厉指责改革。在旧制度下独享特权的穆斯林包税人、商人也批评新政策。连那些普通穆斯林青年也觉得让基督教徒加入政府军队不合适。服兵役是穆斯林尤其土耳其穆斯林的神圣权利，新法令宣布“服兵役是帝国所有臣民的义务”，土耳其穆斯林不乐意接受。传统奥斯曼社会的臣民划分是：穆斯林、迪米人、非穆斯林、外国人。改革引进新的社会群体划分方式，不以宗教信仰来划分民众，而以“奥斯曼人”取代传统的划分，也让特权阶层不高兴。

法令宣称提高非穆斯林（如基督教徒等）的地位，也没有使非穆斯林群体满意。他们的愿望，并不仅仅满足于在法令上与穆斯林平等，他们需要与经济地位相适应的政治地位，哪怕保持旧制度也能维护特权。比如希腊基督教徒，在奥斯曼帝国多年的“米勒特”制度下，他们在基督教社区中享有特权，一旦“平等”，优势和特权就丧失了，所以，非穆斯林的真实愿望是，要么保持传统特权，要么取得新的特权，总之要保持优势地位，维持“不平等”才对他们有利。巴尔干半岛的基督教徒就不甘心当帝国境内“平等成员”中的一员，欧洲国家不停地向苏丹施压,要求"妥善处理帝国境内基督教徒的地位问题",民族主义者在煽动"自治"和"独立"。

对企业主、商人而言,新政策确立了新规则,限制了他们获取利益的途径。以前他们通过寻求上层"保护伞"来获取垄断利益,往往不存在这个"准许"、那个"规则"的,一旦失去特权,他们的利益会受损。另一方面,改革法令允许外国人在苏丹管辖的范围内持有、购买、处理不动产,这也冲击了国内富有阶层的"固有领地"。

可见,政治改革的目标没有问题,但改革的措施真正推行时,不仅特权阶层反对,连普通民众也有意见,因为大家发现:"平等"原来不是个好东西!事实上,"平等"并不是所有人的愿望;每个人真正的愿望是自己始终高出别人、优越于别人。奥斯曼帝国的臣民在土耳其人的皇权统治下生活了几百年,等级固化,意味着利益分配方式固化,这就是1878年之后阿卜杜·哈米德二世推行独裁30年的民众基础和社会基础。

看来,"限制君权",苏丹不高兴;实行"平等",各阶层有意见,那就只能退回到皇权时代,维持"不平等",大家相安无事。

奥斯曼帝国:立宪后的专制

东方国家的西化改革,奥斯曼帝国开始得最早(1792 年),其中 1839—1876 年的改革史称“坦齐马特”时代。1876 年 12 月,奥斯曼帝国史上第一部宪法颁布,比日本宪法的诞生早 12 年。奥斯曼帝国 1876—1878 年的第一次宪政,让西方人对土耳其政治家刮目相看。但在不满 2 年的君主立宪政治之后,又走上哈米德二世专制的道路,从 1878 年到 1908 年持续了 30 年之久。哈米德二世推行专制,却未公开废宪,也不放弃经济、军事和教育改革,某些领域仍然在开放。其得失值得后人研究。

昙花一现的君主立宪

地跨欧、亚、非的奥斯曼帝国,1875—1876 年进入多事之秋。1875 年巴尔干属地发生起义,波斯尼亚和黑塞哥维那起义军几次打败奥斯曼政府军队。1876 年 4 月,保加利亚又发生了起义,塞尔维亚、黑山两地响应,奥斯曼政府束手无策。5

月发生宫廷政变,在位15年的阿卜杜·阿齐兹被废黜。新立的穆拉德五世,在君主宝座上仅坐了3个月,就被宣布为“神经失常”而遭废黜。8月,体弱、胆小、多疑的阿卜杜·哈米德被拥立为苏丹(即国王),称哈米德二世。

哈米德二世任命米德哈特帕夏为大维齐(相当于首席大臣),宣称立即制定和颁布宪法,召开议会。10月28日,颁布了选举法,12月,奥斯曼帝国宪法正式颁布。根据选举法,给予安纳托利亚的省份、非洲行省、欧洲省份不同比例的代表名额。1877年3月19日,奥斯曼帝国第一届议会在道尔马巴赫彻宫开幕。

道尔马巴赫彻宫是一座新宫殿,1853年才正式使用,金碧辉煌,堪与法国凡尔赛宫相媲美。这一天,帝国各部大臣、贵族代表、议员和外国使节们兴奋地步入敞亮、豪华的大厅,参加了开幕仪式。议会两院看起来很正规,参议院由25名官员组成,众议院由125名议员组成。奥斯曼帝国是通过军事征服建立的老式帝国,召开议会确实是破天荒,边远省份的帝国臣民们,不敢相信自己的国家取得了这样的进步。

如果不探究历史细节,1876年奥斯曼帝国颁布宪法,算是水到渠成的,因为这个帝国为政治制度改革作了80多年的准备。帝国早已仿照欧洲模式,把旧衙门改组为内政部、财政部、外交部、农业部、外贸部等现代机构,推行西式的教育制度、法律制度。经济、军事和社会层面的各项措施取得成效,只等待制度变革了。

实行宪政,基本的条件是“各民族、各阶层权利平等”,奥斯曼帝国已为此作了准备。1839 年颁布的《古尔汗法令》中有如下内容:“承诺颁布维护臣民利益的新法律;个人不得凭借其地位和势力违反这些法律……法律适用于所有臣民,不分宗教或派别。”欧洲人对《古尔汗法令》大加赞赏,法国报纸上说,这一成文法令为土耳其进入现代文明奠定了制度基础,是“一部真正的宪法,是西方文明的胜利”。其实这只是一个法令,不是宪法,充其量是为政治改革鸣锣开道。1856 年颁布的《改革法令》中,“明确宣称基督教臣民与穆斯林有同等权利;宣布信仰自由……帝国范围内的各宗教团体,课税和服役一律平等。”根据这两个法令,奥斯曼政府颁布了新的刑法、商法,建立民事刑事混合法庭,建立现代市政组织,同时扩大政府部门职能,完善地方管理制度。

奥斯曼帝国的立宪过程有些仓促。从宣布制定宪法到正式颁布宪法,只用了 4 个月时间。从颁布宪法到召开议会,只有 3 个月时间。而同属亚洲的日本,从 1868 年夏季颁布《五条誓文》和《政体书》,到 1889 年 2 月颁布帝国宪法,经历了 21 年时间。这 21 年里,对于如何选举代表,如何建立立法议事会,如何改变官制,召开了无数次会议,派遣大臣去欧美考察,研究各国宪法,做了大量扎实细致的工作。奥斯曼帝国虽然在 1839 年颁布《古尔汗法令》,但没有提到立宪,也没有以宪政为目标。哈米德二世说立宪就立宪,前后仅几个月,速度未免太快了。

奥斯曼帝国的议会其实仅召开过 2 次,存在时间很短。1878 年 2 月,哈米德二世强行解散议会。在解散议会之前,大维齐米德哈特被解职,理由是米德哈特帕夏要为奥斯曼帝国的军事失败承担责任。1877 年 4 月,奥斯曼帝国和俄国发生战争,军队在战场上遭到惨败,哈米德二世认为战败的责任在立宪派,下令解除米德哈特的职务,流放国外。几个月后,所有议员离开首都。此后奥斯曼帝国长达 30 年再没召开过议会。

后人评论哈米德二世,说他颁布宪法、实行宪政,纯粹是权宜之计。刚上台立足未稳,必须获得立宪派的支持,立宪只是一种政治妥协。哈米德二世是被改革派重臣米德哈特等人拥立的。米德哈特在一年内先废黜阿卜杜·阿齐兹,拥立穆拉德五世,3 个月后又废黜穆拉德五世,扶哈米德二世上台,足见他能操纵苏丹的废立,权力很大。哈米德二世流放米德哈特,后来又派人暗杀了他,是权力较量的结果。

哈米德二世在后宫里长大,在宫廷政变中仓促上位,原来并不了解何为宪政,满以为宪政会有利于自己对帝国的统治。真正看到宪法草案后,才发现这部宪法对苏丹的限制太多,于是表示反对。立宪派被迫作出让步,重新修改了宪法草案。在第一届奥斯曼帝国议会召开时,哈米德二世的亲信以及对宪政一无所知的人占了多数,但哈米德二世还是感到很不满意。宪政开始后,哈米德二世渐渐明白:设立议会,实行选举,就是要让议员们参与国策,这就意味国家大事不能由苏丹一人做主,宫廷不再是帝国唯一的权力中心。这个结果,哈米德二世不能接受。于是他解散议会,把国家权力重新收回到自己手中。

哈米德二世专制的特色

哈米德二世的统治前后共持续33年，开头2年实行宪政，最后1年被迫恢复宪政，中间是30年的专制。屠杀亚美尼亚人的事件就发生在他统治时期，西方史书称他为“血腥苏丹”。西方外交官、作家、旅行家和传教士笔下的哈米德二世，过于脸谱化，哈米德二世的专制和残暴，西方当时的宣传明显夸大了。历史上的暴君统治一般都难以持久，而一位专制君主能统治30年，肯定有多方面因素，不能简单化。对哈米德二世统治期间的大事进行梳理，就会发现，他不同于奥斯曼帝国史上的封建君主专制，也不同于世界其他各国的君主专制。至少有4个“特色”。

第一，哈米德二世解散议会，终止宪政，但奥斯曼政府和哈米德二世本人从未公开宣布废除宪法，还继续把它刊在帝国年鉴上，表明帝国是有宪法的国家，在依据宪法管理帝国。不打算付诸实践的宪法，轻而易举就可以制定出来，而真正准备实行的宪法，要费好大的劲，世界史上的例子太多了。哈米德二世给自己制定了一纸空文，发挥了自己需要的功能。

第二，哈米德二世政治上开倒车，却并不停止经济领域的改革。前几任苏丹没有落实的法令，有些到这时才付诸实践。他积极引进外资和技术，主要依赖德国，修建了多条铁路和公路，加强了帝国各行省的联系。对外贸易扩大，外汇收入增长，国家税收也有所增加。帝国境内的不少城市建起学校、孤儿院、银行、电话局、医院，社会仍在进步。

第三，哈米德二世为了政令畅通，扭转官场不良习气，遏制奢侈之风，加强了苏丹权力。哈米德二世发现，苏丹的政令不能到达各个行省，尤其是边远行省。社会上弥漫着奢侈风气。于是计划推行政府机构改革，尤其想裁减官僚机构的冗员。例如，奥斯曼政府核心机构中，带有高级职衔、官衔、荣誉头衔的高官就有700多名，这么多高级官员，人人享有高级待遇，人人想得到更大的私利，实际工作中互相推诿，政府的效率很难提高。不过，哈米德二世明白，裁撤高级官员，把陈腐臃肿的机构变为精简的机构，几乎办不到。所以，裁撤冗员的计划始终未能提上议事日程。在保持原有官僚机构不变、官场习气不变的情况下，哈米德二世能做到的就是严格操控官吏的任免大权，各部部长由苏丹任命，又想办法限制这些部长的权力。比如任命一些与部长立场不一样而完全听命于苏丹的副部长，起到钳制作用。部长、副部长们的工作变得像秘书工作，对苏丹控制权力有利。当然，权力集中到苏丹手里后，各省的省长和总督就要争相表现对苏丹的"忠诚"，基层官员就要热切表现对省部级长官的"恭敬"，花钱买官，用钱保官，各级官员为升官而行贿，必然变相敲诈勒索下层民众，帝国的官场风气更加败坏。

第四，哈米德二世把帝国的航向拨回专制时代，没有出现大的反抗活动，社会稳定。如果说流放立宪派大臣、停止宪政的责任在于哈米德二世，那么，情愿在君主专制下安安稳稳生活30年，恐怕就不能完全怪苏丹，而应从帝国臣民自身找原因。

在哈米德二世当政之前，奥斯曼帝国的改革已经推行了

80 多年，经济、教育、文化、军事的改革步步深入，但并没有让帝国臣民满意，反而招致许多怨言。奥斯曼帝国的西化改革是一场持久战。起初的改革，是迫于内外交困的严峻形势，支持改革的人多，改革容易推进；后来的改革，触及社会生活各个方面，普通民众都盼望改革立竿见影，却一次次失望。改革带来的好处并不明显，问题反而暴露出不少，反对的意见多了。有两位厉行改革的苏丹被废黜，多名改革派大臣被处死或流放。在改革中得到好处、得到实惠的毕竟是少数，人口占主体的穆斯林对改革感到不满，统治阶层中也有人对改革不满，于是大家把板子打到改革者身上，仿佛都是改革惹的祸。

有的人批评改革措施推行不力，比如有的行省推行了新法，有的行省没有；距离首都近的行省进行了改革，中央能有效控制的行省也进行了改革，边远省份则没有进行。有人批评官员的腐化，尤其那些改革派的官员，他们大权在握，也贪污、受贿，比如著名改革家雷希德帕夏，有人抨击他“腐化堕落”，任命“一些不称职的、臭名昭著的人担任高级官职”。奥斯曼帝国在“坦齐马特”时期的改革效果明显，但行贿受贿之风蔓延。埃德温・皮尔斯 1873 年初到君士坦丁堡，吃惊地发现，整个城市普遍流行的是行贿受贿。几乎每一件事，无论大事小事，都要送礼，不行贿办不成任何事。皮尔斯和他的同伴在这座城市生活不久，每个人就能讲出许多行贿受贿的故事。皮尔斯印象最深的还是“豆腐渣工程”。比如，奥斯曼政府要在君士坦丁堡的港口投放 100 个浮标，购置浮标这样一件简单的事，办理的过程经过几个中间环节，每个浮标竟然要花费 150 英镑，但等待安装时才发现，浮标存在质量问题，根本不能用。又如，在君士坦丁堡不远处搭建了一座木桥，耗资8 000英镑，建成不到两周就塌了。诸如此类，当然会引起民众不满。

奥斯曼帝国的衰败已非一日，不可能靠几道改革法令迅速改变现状，但人们总是根据各自的感受来评判改革。既然民众对改革失望，大家不觉得走回头路有什么不好。在皇权下世代生活的帝国臣民，等级观念、尊卑观念根深蒂固，并不是宣称“平等”就能平等。对享有特权的人而言，退回到专制社会，保持“不平等”才对他们有利。

维持表面稳定的代价

哈米德二世时期社会总体是稳定的。帝国境内的希腊人、犹太人、亚美尼亚人善于经营工商业，他们用心做着自己的生意，与欧洲银行家打交道赚足自己的钱。奥斯曼帝国的青年一代会赶时髦，法国和意大利的新潮款式，会在帝国境内大城市的街头出现。城里的求职者，喜欢选择外国人开设的各类公司，用劳动换来薪水和体面的生活。乡下的农民和牧民过着自己简单的生活，不在意朝廷是否换了新的苏丹。在平常的日子里，穆斯林们一如既往地出入清真寺，基督徒在教堂里虔诚地做着弥撒，各有各的生活，懒得过问政治。宫廷和庞大官僚机构如何运用权力，如何治理国家，普通民众不知道，也不关心。

随着经济改革的深化，西式教育的普及，出版业的发展，社会日渐开放，信息变得畅通，民众的眼界大开，不容易像以前一样被当政者所蒙骗,明显地不太听话了。为了让民众服从统治,哈米德二世费尽心机。尤其在他统治的后期,对民众的集会、言论等权利加以严格限制。各地的民众集会被禁止,连举办婚礼、举办体育活动,也要得到官方的批准,甚至要审查客人的名单。官方报纸上的内容随时要接受审查。例如,埃及1882年就被英国人占领,但帝国的报纸上或官方文件上却宣称埃及在苏丹的直接统治下。又如,由于"亚美尼亚大屠杀"使苏丹受到西方媒体谴责,"亚美尼亚"这个词被禁用,对外宣称"没有亚美尼亚这个地方"。总之不允许人们获得外界真实信息,目的是遏制革命思想的传播,甚至不惜编造假新闻欺骗民众。

为了掌控民众,防止反抗活动发生,哈米德二世建立警察机构和特务系统。把密探派往全国各地,这些密探随时报告各地的情况,哈米德二世能清楚地了解到各地的反抗活动。数以万计的人被告发,并被带往王宫或警察局接受秘密调查。有的受到严刑拷问,有的未经公开审判就被惩处。每个有自由思想或宪政观念的人,都有可能被逮捕,甚至暗杀,恐怖气氛笼罩着帝国,民间组织被迫转入地下。然而,西方各种革命思潮仍源源不断地传到奥斯曼帝国,革命书刊屡禁不绝,革命组织取缔一批,又新生一批,哈米德二世感到恐慌。1896—1897年在全国范围进行了一次大搜捕,很多从事秘密反抗活动的革命者被捕入狱,或被充军、流放,或被迫逃往国外。在社会上,各个阶层都没有安全感。

哈米德二世尤其不放心的是各级官员对自己是否忠诚。

为了让行省和属地的实力派人物听命于宫廷,哈米德二世依靠他精心布置的间谍网,直接控制着各级官员。官员们深知密探的厉害,不得不小心翼翼,把说谎炼成真功夫,想尽办法换得宫廷的信任。官员之间相互猜忌,总是怀疑对方告发。地方官们煞有介事地接受来自宫廷的各种指示,言不由衷地作一些答复,上报朝廷,一般报喜不报忧。地方的省长、酋长、属国的王公们,个个假装服从朝廷、忠于苏丹,以"不卷入""不被告发"为最高追求。

然而,用管制民众和文职官员的办法管制军队还是引发了问题。由于密探潜入军队,军队内部人人自危。苏丹害怕任何进步思想在军队中传播,但安插特务、密探的做法,引起了军官们的反感。本来,军队的腐败较为严重,提拔军官不是依靠战绩或能力,而是靠关系和门路。通过军事学院考试的年轻官员被派到各省军团,不允许返回首都附近的驻地,"委派"等同于被"流放"。军队内部安插的特务和密探使军人处于紧张和不安中,最终激发了针对哈米德二世的反叛行动。1908 年 7 月,驻马其顿和色雷斯的军团发动起义,两支"叛军"很快开进首都。官员们不敢禀报真相,王宫被包围时哈米德二世浑然不知。大难临头,哈米德二世被迫恢复宪政,第二年 4 月被废黜,穆罕默德五世继位。哈米德二世专制结束了。

奥斯曼帝国恢复宪政为时晚矣,历史已经不给它任何机会了:1911 年与意大利发生战争,它失去北非的最后一块属地;1912—1913 年发生两次巴尔干战争,它失去巴尔干属地;1914 年卷入世界大战,4 年后陪着德国一起失败,帝国领土被协约国军队占领。

错失良机的遗憾

19 世纪的国际环境,本来对奥斯曼帝国推进政治改革是有利的。奥斯曼帝国日薄西山,成为欧洲瓜分的对象(当时所谓的“东方问题”就是瓜分“奥斯曼遗产”),但西欧大国间存在利益冲突,奥斯曼帝国瓦解又会引起新的争夺。英、法等国的政治家宁可维持奥斯曼帝国的完整,不愿看到帝国被肢解。19 世纪 30 年代埃及行省总督挑战苏丹的权威,发生过两次“埃土战争”,英国和法国坚决打压埃及总督,迫使其让步;19 世纪 70 年代巴尔干民族闹独立,俄国从中挑拨,但英、法、德等国支持奥斯曼帝国,让奥斯曼帝国躲过了几次危机。而且,每次俄国军队南侵,英、法等国不惜与俄国动武。例如,在 1877—1878 年的战争中俄国打败奥斯曼帝国,英国、法国、奥匈帝国立即干预,德国首相俾斯麦极力斡旋,在柏林召开国际会议并签订条约,试图化解矛盾。英、法等国的政治家也希望奥斯曼帝国通过改革而实现自救。奥斯曼政府中有不少法国、英国、普鲁士(1871 年后为德国)的军事顾问、经济顾问、法律顾问,他们直接指导改革,而且,奥斯曼帝国改革每取得一些进展,西方社会的政治家和知识界总表示赞赏。例如 1839 年奥斯曼帝国颁布《古尔汗法令》时,欧洲大国派了使节和代表参加隆重的典礼,法国国王路易·菲利普还派他的儿子德·儒内维尔亲临帝国的古尔汗宫。1856 年的《改革法令》颁布时,欧洲大国的外交官们正在巴黎讨论如何解决克里米亚战争遗留问题,他们对《改革法令》很感兴趣,法令中涉及巴尔干改革的条款,被写进这次会议上签订的《巴黎条约》中。1876 年奥斯曼帝国颁布第一部宪法后,西方媒体作了大量报道。当然,欧洲大国的帮助是出于各自的利益考虑,并不是为奥斯曼帝国民众的福祉。不过,在世界范围内只有奥斯曼帝国这样幸运,帝国主义列强没有亡它之心,倒有帮它之意:它位于欧、亚、非三洲的交界处,战略位置过于重要。可惜,落后的大帝国赶上千载难逢的机会,却未能通过制度更新而化解危机。世界历史上最后一个地跨欧、亚、非三洲的帝国,终因专制而导致覆灭的命运,分裂为数十个国家。

奥斯曼帝国恢复宪政后的权贵独断

奥斯曼帝国1876年立宪，1878年退回君主专制。哈米德二世专制30年。1908年革命后，帝国进入第二宪政时期（1908—1918年）。哈米德二世变成虚君，准备在皇宫养老，但时间不长就被废黜。继位的穆罕默德五世无实权，不问政，由青年土耳其党人把持帝国政权。这一时期，国内局势不稳，统治集团争权夺利。10年之中有7年在打仗，丧师失地，帝国迅速瓦解。青年土耳其党一党秉政，少数权贵乾纲独断，决策失误，既使得民众对宪政失望，也把帝国引向险境。历史教训引人深思。

革命党成为执政党

第二宪政时期执政的是青年土耳其党。"青年土耳其党"这个响亮的名称，是后来才有的，最初的政治组织是"团结与进步委员会"。这个组织成立于1889年，地点在巴黎，成员是奥斯曼土耳其移民，一开始是境外秘密组织，在帝国境内的一些大中城市和地方部队里有支持者。后来，这个组织发生分化，一派支持艾哈迈德·里扎，另一派支持萨巴赫丁亲王。两派的政治主张不一样。1906年帝国境内的萨洛尼卡成立了一个名为“奥斯曼自由社”的政治组织，不久与巴黎的“团结与进步委员会”建立联系，并把散布在马其顿等地的各个小团体联合起来。此时有了“青年土耳其(Jön Türkler)”的名称，一是同情“土耳其民族主义”，二是以“青年”为主，但并不称为“党”。由于萨洛尼卡的政治组织发展快，比巴黎的政治组织强大，帝国内反对苏丹专制统治的人们，把萨洛尼卡的组织当作政治中心，“团结与进步委员会”的实权，逐渐转移到这里的领导人手中，他们在土耳其宪政革命中发挥了突出作用。

1908年宪政革命成功后，“团结与进步委员会”由秘密组织变成公开的政治势力，被境外人士称作“青年土耳其党”。这个党派的成员及其骨干，被称为“青年土耳其党人”。青年土耳其党人多数是年轻的少校、上尉或职务较低的官员，没有多少阅历和经验，他们给自己的定位是：承担捍卫“新宪法之自由”的使命，发挥监督作用。因此，没有废黜哈米德二世，继续让萨义德帕夏担任大维齐，领导内阁。

恢复宪政就要选举议员，召开议会，党派公开活动，但1908年革命后的奥斯曼帝国政局一片混乱。青年土耳其党要成为执政党，仅仅靠选票是不够的，还要凭借军事手段和政治斗争。青年土耳其党人起初虽在幕后，却操纵了政府官员的任免和各项政策的制定，并积极在亚洲和北非地区建立新支部。一些职业固定的群体，如教师、律师、医生、商人、行会领袖、大地主加入新支部，那些被苏丹流放的人，以及各种反对派也被纳入组织，力量迅速壮大。国内的其他党派，主要有温和自由党、奥斯曼改革党、人民党和新党等，影响力弱，不足以与青年土耳其党抗衡。

在1908年8—12月的第一次选举中，青年土耳其党人赢得了较多席位，他们中的大多数成为独立议员。不过，他们并不直接控制政府权力，而是依赖帝国的旧贵族。好景不长，青年土耳其党人与旧贵族之间的矛盾表面化，而各地对新政府的不满也逐渐显露出来。1909年4月13日（伊斯兰历1325年3月31日），首都发生了一场针对新政府的军事叛乱，内阁大员、议长等选择辞职。担任要职的青年土耳其党人也纷纷躲藏，甚至离开伊斯坦布尔，去巴尔干。其他议员看到叛乱发生也离开了议会。哈米德二世抓住机会发号施令，赦免叛乱者，任命新的大维齐和陆军部长。参加叛乱的士兵欣喜若狂，前往皇宫去表达他们对苏丹的拥护，哈米德二世站在阳台上接见他们。这使人产生一种印象：苏丹本人是叛乱的支持者。出逃的青年土耳其党核心人物采取对策，一面号召民众“护宪”，一面组织军队平叛。他们轻易地赢得了宣传战的胜利，并组建起一支“行动部队”，没有遭遇多大反抗就占领了伊斯坦布尔。哈米德二世被废黜，穆罕默德五世（1909—1918年在位）取而代之。青年土耳其党人重新执政，不许哈米德二世留在伊斯坦布尔（哈米德二世及其亲属被遣送到萨洛尼卡），对煽动或参与叛乱的人，进行了严厉惩处。官方从未准确地说谁是这场叛乱的煽动者，也不去澄清事实真相。平定叛乱后，青年土耳其党人借机清洗反对派，确立了一党独裁的局面。

此后的9年中，奥斯曼帝国只举行过两次议会选举。一次是在1912年4月进行的。这一次选举是有名的“带着手杖的选举”。青年土耳其党人暴力和威胁的手段并用，操纵了这次选举，最后赢得275个席位中的269个，大获全胜，反对派仅有极少数人当选议员。新组建的内阁，是青年土耳其党人手中的工具。当然，大棒下选出的内阁维持了两三个月，就遭到以萨迪克为首的青年军官的反对。这些反对者公开质疑新内阁的合法性，以武装叛乱相威胁，迫使新内阁辞职。另一次的议会选举分两阶段：1914年12月—1915年2月，1915年9—10月。此时奥斯曼帝国已卷入世界大战，是战时的选举，其结果和前一次选举差不多，青年土耳其党人以绝对多数票获胜。

宪政的美好愿景破灭

“团结与进步委员会”还是“非法组织”时，得到帝国境内不满哈米德二世专制的民众的支持。这个组织的成员深入奥斯曼帝国欧洲行省的各个城镇，秘密地进行“恢复宪政”的宣传。当时哈米德二世在各地有密探，警察也执行严格的检查，但不敢在公开场合对妇女搜身，一些有觉悟的妇女们积极充当了宪政革命的宣传者或掩护者。有的富裕阶层妇女懂英文或法文，能将信件或口头消息顺利传递出去。不过，全国范围内反抗哈米德专制、主张恢复宪法的活动并未形成一股力量。但将恢复宪政采取军事政变的形式称为“宪政革命”或“护宪运动”也是符合实际的，因为这次革命确实唤起了不少人的政治热情。

革命成功，恢复宪法的消息传出后，在伊斯坦布尔和其他城市里，各行各业的人们表现出兴奋之情。不管来自哪个社区，无论是穆斯林、犹太人还是基督徒，都以不同形式庆祝这个好消息。新闻界人士深受哈米德二世专制的迫害，如今可以公开抨击苏丹的专制。土耳其报纸宣称："这次恢复宪政的革命是一场为自由而战的民众运动。"游行活动中，犹太人和亚美尼亚人满怀真诚发表演讲，宣称：革命意味着自由、平等和友爱；为了帝国利益，少数教派今后要和他们的穆斯林兄弟友好地合作。可见，民众对宪政抱有大希望，至少是对未来表达着一种普遍乐观的期待。

民众善意表达兴奋之情时，也引来大范围的群众骚动。既然允许思想和言论自由，各阶层就要表达自己的诉求。例如，工人们要求涨工资，因为物价上涨太快。工人的要求没有得到满足，于是罢工的浪潮横扫帝国，6 个月内有 100 多次罢工。由于奥地利在 1908 年 10 月吞并波斯尼亚和黑塞哥维纳，国内民众集会，强烈抗议奥地利的侵略行径，不少城市的市民抵制奥地利商品。安纳托利亚东部、阿尔巴尼亚、阿拉伯行省出现暴动。流亡在外的那些反对哈米德专制的政治人物返回首都，受到民众的欢迎。幸亏他们在国内的政治影响有限，对青年土耳其党并不构成威胁。总体来看，新政府面临着一系列严峻的问题。为了平息罢工和示威游行，新政府在青年土耳其党人的支持下制定"劳动法"。"劳动法"中禁止组织工会，限制罢工活动。罢工运动被平息。

第一次议会选举后,许多阶层感到不满意。少数民族没有得到期望的权利,尤其是阿尔巴尼亚人,他们抱怨青年土耳其党的民族政策不公正。自由派对选举的结果也不满意。穆斯林协会的人抱怨说:各宗教团体的代表同坐议会大厅,就是放弃伊斯兰法。职位低级的乌勒玛和教区长老认为,土耳其革命颠覆了伊斯兰法应有的地位。宗教学校的学生也对政府的某些政策不满。青年土耳其党人未经授权就撤换陆军和海军部长,并擅自调动军队,这些做法引起一些资深官员的愤怒。

1909年4月的叛乱平定后,青年土耳其党人公开行使权力,树立威信,以强硬态度治理国家。例如,整顿并重组官僚机构,清洗哈米德二世时期提拔的官员,开除多余的文职官员。同时,限制苏丹的权力,没收皇室的财产,严格核算宫廷开支,削减高官的收入,削减工资等。此后,党派之间展开权力斗争,掌握行政权力的内阁成员之间缺乏基本的信任,内阁成员与军队将领之间也不合作。内部的不团结,削弱了本来就不稳固的权力基础。青年土耳其党人不得不依赖手握兵权的谢夫凯特,军队实际凌驾于宪法之上。青年土耳其党也逐渐脱离民众。在民众看来,青年土耳其党掌权后,强硬、专断的风气蔓延,比哈米德二世时期有过之而无不及。恢复宪政是这样的结果,让民众大失所望。

权贵独断与决策失误

“团结与进步委员会”成立时的主要领导人是旧贵族。如艾哈迈德·里扎出身于政治世家,父亲是第一届奥斯曼议会的议员。萨巴赫丁亲王是奥斯曼王室成员，和他的父亲、兄弟移居巴黎。萨洛尼卡的政治组织中，领导人和骨干是中下层军官和知识分子，如恩维尔、尼亚兹、艾尤布·萨博里等。在宪政革命和镇压叛乱的"行动部队"中，这些年轻军官大显身手，例如恩维尔由少校擢升为帕夏（相当于将军、勋爵），卡济姆、凯末尔等也成为重要军事将领。而塔拉特、胡斯莱·萨米、纳泽姆、希尔米经过1908年的选举进入议会，担任要职。尤其是被称为"强人"的谢夫凯特，不仅被任命为三支主力部队的总指挥，手握军权，还拥有其他行政权力。

清洗后的政府机构中，掌握实权的主要是青年土耳其党人。伊泽特帕夏在1913—1914年间担任陆军部长。恩维尔帕夏于1914—1918年担任陆军部长。杰马尔帕夏担任伊斯坦布尔卫戍司令、海军部长。哈利姆帕夏在1917年之前担任大维齐。塔拉特任内政部长，1917年起担任大维齐。这是一批新权贵。他们大多出身军人，接受过德国式的军事教育或培训，对德意志的"优势"了如指掌，赞赏德国先进的武器、良好军事组织，坚信德国战无不胜。

新权贵把持议会和内阁，试图推行立法改革、教育改革、经济改革，也出台了一些符合实际的政策。例如，两次修订宪法，也制定和颁布新民法、兵役法；给予女子同等的受教育权，义务教育学校向女孩开放，在政府干预下，小学、中学和大学一律招收女生；试图进行社会习俗改革，提高妇女地位；推行自由主义政策，取消关税壁垒，发展自由贸易。改革措施还是有进步意义的，不过，有的措施收到良好效果，有的收效甚微。

青年土耳其党执政初期,外部环境极为不利。保加利亚宣布独立,波、黑两省被奥匈帝国吞并(都在 1908 年 10 月),阿尔巴尼亚发生叛乱(1910 年),意大利侵占了的黎波里和昔兰尼加(1911 年)。1912 年 10 月巴尔干战争爆发,内阁成员在如何应对战争的问题上,意见严重分歧,争论不休,最终也没有拿出妥善的方案。战场上节节败退,巴尔干失去了 83%的领土,大批难民涌入帝国,引发一系列政治和经济问题。1913 年 3 月 26 日,埃迪尔纳被保加利亚军队攻陷,青年土耳其党人被迫向巴尔干同盟国求和。几天后,谢夫凯特帕夏遭暗杀,青年土耳其党人认为是一场阴谋,借追查凶手之际,处理了一批反对派。

和平时间很短,本来可以巩固宪政革命的成果,调整政策,赢得民心,但上层人物忙于内部争斗。青年土耳其党人在革命前"非法活动"时善于搞暗杀活动,执政后,依然热衷于"非正常手段",导致各派关系紧张,党派相互之间和党派内部摩擦不断。青年土耳其党人依赖军队,也在军队中有很强的影响力。1909—1913 年突出的问题,就是军人在政治生活中的地位和作用过大。显然,青年土耳其党的领导人不完全相信议会的作用。

萨拉热窝事件后,世界大战一触即发。奥斯曼帝国加入协约国一方,还是加入同盟国一方,抑或保持中立,成为摆在政府领导人面前最迫切的问题。许多土耳其人支持与英法结盟,但宿敌俄国已经于 1907 年与英法两国结盟,土耳其人又不愿和俄国结盟,所以,奥斯曼帝国站在协约国一方的可能性不大,不过可以选择中立。内阁中多数成员也赞成中立。青年土耳其党的多数成员认为,应该想办法与英法两国靠拢,不要与德国靠得太近。海军大臣杰马尔和帝国海军官员起初倾向于协约国,反对与德国结盟。恩维尔帕夏接替伊泽特帕夏出任陆军部长,力主与德国结盟。恩维尔的理由是:俄国已加入协约国一方,奥斯曼帝国很难得到英、法的保护;德国在中东地区没有领土野心,与强大的德国在一起反对俄国,能实现奥斯曼帝国的利益——向高加索地区扩展。恩维尔也有两个理想:一是奥斯曼帝国变成强国,在国际舞台上发挥作用;二是使土耳其民族摆脱俄国,获得独立地位。恩维尔认定,德国人在世界大战中必胜,能够帮助奥斯曼帝国走向现代化。

杰马尔帕夏通过各种渠道多次与协约国接触,想与恩维尔相抗衡。英、法外交官草率地拒绝了杰马尔。被英法拒绝后,杰马尔不再反对恩维尔,等于默认恩维尔的做法。塔拉特帕夏起初试图协调两派的意见,最后不再坚持。英、俄的外交官怂恿奥斯曼帝国持中立态度,希望奥斯曼帝国不卷入战争。多数内阁成员依旧反对参战,除非帝国的安全得到保证。总之,按当时的情况,帝国保持中立是有可能的。

在与德国结盟的主张得不到支持的情况下,恩维尔和哈利姆与德国外交官私下商谈。1914 年 8 月 1 日世界大战爆发,第二天,奥斯曼帝国和德国在君士坦丁堡秘密签订同盟条约。从文献资料看,尽管一部分内阁成员反对与德国结盟,青年土耳其党人中多数持中立的态度,但无论支持或反对,都只在权贵们之间争论。因为议会已变成一个摆设,不起作用。

迅速瓦解的帝国

奥斯曼帝国在与德国结盟时,并未作好战争的准备。内阁在实际交战问题上意见产生分歧。恩维尔为了促成俄国先宣战,炮轰俄国黑海的港口(1914 年 10 月 29 日),一些内阁成员辞职以示愤慨,但已不可挽回。11 月初,俄、英、法向奥斯曼帝国宣战。

战事一起,奥斯曼帝国几面受敌。既要阻击来自地中海的英、法军队,守卫达达尼尔海峡,又要抵制俄国在黑海和高加索的进攻,还要对付从波斯湾北上的英国军队。奥斯曼帝国虽然在 1915—1916 年的加里波利战役中取得胜利,在伊拉克附近的库特城也打败了英国军队,但也付出了惨重代价。恩维尔率领奥斯曼军队主动出击有两次,一次是挺进高加索,一次是袭击苏伊士运河,均未取得胜利,无功而返。在战争中,阿拉伯地方实力派在英、法鼓动下起来反抗土耳其人,帝国的阿拉伯行省很快就被英-阿联军或法-阿联军占领。

在战争期间,奥斯曼帝国的民众承受了巨大灾难。城市里物资短缺,物价飞涨,到处一片混乱。外国货不能进口,国内商品被政府征用。民众感到,政府完全没有管理能力,政府重要机关无人办事,违法乱纪的行为普遍存在。

1917 年俄罗斯帝国崩溃,新生的苏维埃政权退出战争。奥斯曼军队乘机在高加索扩大战绩,一支奥斯曼军队直指里海的巴库。然而,叙利亚和伊拉克地区的奥斯曼军队节节败退。关键是,1918 年德国、奥匈帝国在欧洲战场的败局已定,同意停战。10月30日奥斯曼帝国政府与协约国签订停战协定,同意协约国舰队开进海峡,占领首都,同意协约国军队控制帝国境内所有军事要地。这个具有600多年历史(1299—1918)的多民族国家,至此彻底瓦解。

号称"三巨头"的恩维尔、塔拉特、杰马尔,悄悄搭乘德国邮船离开伊斯坦布尔。

奥斯曼帝国本来可以不卷入世界大战。因为,第一次世界大战是欧洲两大军事集团之间的武力争夺,与衰弱的奥斯曼帝国何干?德皇威廉二世与奥斯曼苏丹哈米德二世"长期友好",几十年来德国给奥斯曼帝国提供资金和技术援助,奥斯曼帝国的新权贵深受德国文化影响,但这些不足以构成与德国缔结军事同盟的理由。德国希望与"友邦"结盟,但并没有逼迫奥斯曼政府签订军事盟约,奥斯曼帝国没必要非得绑在德国战车上。是否参战、与哪一个国家结盟,这是国家的头等大事。奥斯曼帝国已是君主立宪制,有议会、有政党、有内阁,这样一件决定帝国前途的大事,应该放在议会认真地、反复地讨论。但现实恰恰相反,两三位掌权者的主观判断,就决定了帝国几千万民众的命运。与哈米德二世专制时代相比,看不出有多大进步。

博斯普鲁斯海峡主权的历史玄机

世界上没有哪一条海峡能像博斯普鲁斯海峡那样，既把两大洲分开，也把一座曾当过帝国首都的大城市划成两部分。要出黑海，必须穿过30千米长的博斯普鲁斯海峡，进入280千米长的马尔马拉海，再穿过61千米长的达达尼尔海峡，才能进入地中海。这条水道总长约400千米，统称土耳其海峡。如果说达达尼尔海峡可以称作“门户”，那么，博斯普鲁斯海峡就相当于“心脏主动脉”。无论对历史上的奥斯曼帝国，还是现代的土耳其共和国，博斯普鲁斯海峡关乎国家安全、领土完整、主权独立。尤其是在奥斯曼帝国时期，还关系到首都安危、社稷稳定。

正因为博斯普鲁斯海峡对土耳其人如此重要，海峡主权问题在历史时期曾“过于敏感”，到了20世纪末(具体是1999年)，土耳其人还拦住从黑海进入博斯普鲁斯海峡的“瓦良格”航母不放行。经过多次协商，中方答应土耳其提出的20个条件之后，“瓦良格”航母才于2001年11月1日驶出博斯普鲁斯海峡。土耳其政府阻拦的理由是“船体过大、影响海峡其他船只正常航行”。按数据推算，博斯普鲁斯海峡最宽处 3.7 千米，最窄处 747 米，而“瓦良格”航母的宽度是 70.5 米，在海峡最窄处可以摆放 10 艘“瓦良格”。2011 年我去伊斯坦布尔参加学术会议，第一个愿望是乘船游博斯普鲁斯海峡。在游轮上我努力“目测”海峡的宽度，想证实“瓦良格”航母经过海峡是否真的有困难。

其实，“瓦良格”第一次准备进入博斯普鲁斯海峡时，土耳其政府并未察觉，而是被“第三国提醒”的，据说随后也有西方媒体借机炒作“航母威胁”。退而思之，“瓦良格”穿过海峡不存在技术性问题，难道真的侵犯了土耳其主权？根本没有。“瓦良格”是从乌克兰购买的未建成的航母，没有动力设备，买主是澳门一家旅游公司，其用途是搞博彩业。土耳其政府为何设置障碍，就算是一个谜，根本用不着去猜谜底。只要了解博斯普鲁斯海峡的历史，对土耳其人的阻拦，我们可以抱“了解之同情”。

奥斯曼帝国后期的历史实际上就是一段全力以赴守卫海峡的历史。一旦在海峡水域出现外国军舰，土耳其人会非常震惊，统治者会睡不安稳。害怕海峡被外国控制，而这种担忧确实持续了很长时间。

本来 16—17 世纪土耳其人不担心博斯普鲁斯海峡会被控制。当时法国、荷兰、英国与奥斯曼帝国签订贸易互惠条例，商船可以进入达达尼尔海峡和马尔马拉海，直达伊斯坦布尔（但不能穿过博斯普鲁斯海峡达到黑海）。土耳其人与西欧国家的商贸往来是频繁的，欧洲的建筑风格、文化艺术，至今还能在伊斯坦布尔找到痕迹。形势发生变化，主要由于1798年拿破仑率法军远征埃及。英国为抵制法国，立即与奥斯曼帝国签订《达达尼尔条约》，承诺“保护奥斯曼帝国”。1809年续签《达达尼尔条约》，表明“要遵循帝国古代惯例”，同时规定“任何国家的战舰均不能进入君士坦丁堡水域”。所谓的“帝国古代惯例”，是指1476年奥斯曼苏丹颁布的海峡禁令（禁止一切船只经由海峡进入黑海）。禁止一切船只通行是出于什么考虑，不得而知，但至少是想表明，黑海和海峡是奥斯曼政府控制的，别国休想染指。而《达达尼尔条约》则正式承认奥斯曼帝国对海峡的主权。

奥斯曼帝国最大的敌人是俄国，因为俄国要吞并奥斯曼帝国领土。从彼得大帝（1682—1722年在位）起，俄国把南下夺取黑海作为战略目标。从17世纪晚期到19世纪初期，俄国与奥斯曼帝国之间的战争有数十次，奥斯曼帝国每战必败。英国与奥斯曼帝国签订的条约，起到了抵制俄国、保护奥斯曼帝国的作用。但是，在特殊情况下，奥斯曼政府又背着英国与俄国做交易。1833—1834年发生第一次埃土战争（奥斯曼政府与埃及行省的战争），奥斯曼政府与俄国签订《俄土条约》，私下同意俄国舰队自由通过海峡。俄国舰队“应邀”进入博斯普鲁斯海峡。

第二次埃土战争（1839—1840年）后，英国、俄国、奥地利、普鲁士、法国于1841年在伦敦与奥斯曼帝国代表签订《伦敦海峡公约》。公约规定：“土耳其帝国处于和平时期，外国战舰一律不准进入海峡……签约国尊重苏丹的这一决定，并遵守苏丹宣布的原则。”《伦敦海峡公约》的主条款在后来签订的《巴黎条约》(1856 年)、《伦敦条约》(1871 年)、《柏林条约》(1878 年)中多次得到重申、肯定。也就是说，1841年的《伦敦海峡公约》帮了奥斯曼政府的大忙。

事实上，对奥斯曼帝国意义重大的还是克里米亚战争(Crimean War)。先是 1853—1854 年俄国与奥斯曼帝国交战，战场在多瑙河下游。1854 年多国参战，扩大为一方是奥斯曼帝国、英国、法国、奥地利、撒丁王国，另一方是俄国的不对等的大规模战争，而战场转移到克里米亚半岛。1856 年俄国战败乞和。这是奥斯曼帝国与俄国的所有战争中“来之不易”的一次胜利，由此阻挡了俄国南下侵吞奥斯曼帝国的步伐。战争的胜利维护了奥斯曼帝国的主权独立和领土完整。

1877 年奥斯曼帝国与俄国再次发生战争。俄国军队直逼伊斯坦布尔，出现“海峡危机”。英国舰队进入达达尼尔海峡，援助奥斯曼帝国。1878 年的柏林会议上英国坚持抵制俄国，维护奥斯曼帝国海峡主权。1887 年两次签订《地中海协定》，内容主要是“大国共同维持地中海现状”。

英、俄在土耳其海峡问题上长期对抗。1907 年《英俄协定》签订，使两国“化敌为友”，但在海峡问题上谈不拢。俄国提出修改海峡条约，英国故意绕开海峡问题不谈。第一次巴尔干战争(1912 年 10 月—1913 年 5 月)期间，巴尔干同盟的军队节节胜利，奥斯曼帝国差点没保住伊斯坦布尔。俄国一反 100 余年来的“常态”，提出“不准任何国家占领土耳其海峡”，充当起此前英国扮演的角色。第一次世界大战中奥斯曼帝国加入德国一方,所以1914年9月26日奥斯曼政府宣布关闭海峡,封锁了地中海至黑海的通道。

迫不得已,英国决定远征达达尼尔海峡。1915年2月19日,英国舰队攻击达达尼尔海峡,准备占领达达尼尔海峡并且直达伊斯坦布尔。在加利波利半岛遇到顽强抵抗,伤亡惨重。1916年1月8日到9日,英军从加利波利半岛彻底撤离,攻克达达尼尔海峡的战役失败。第一次世界大战结束,根据停战协定,协约国舰队于1918年11月13日穿过海峡开进伊斯坦布尔。英、法、意的军队负责伊斯坦布尔的军事管制。1920年8月,协约国与奥斯曼帝国签订《色佛尔条约》,规定:"海峡地区由国际共管,各国军舰和商船均可自由通航。"

1923年7月,土耳其共和国与协约国签订《洛桑条约》,其中包括一个附件即《关于海峡制度的公约》。公约规定:无论和平时期还是战时,军舰都可以自由通过海峡,海峡地带不配置武装力量(成为非军事区)。由于土耳其共和国定都安卡拉,伊斯坦布尔从1923年10月13日起,卸下了作为帝国首都长达470年的历史使命。

海峡主权的收回,是在13年之后。1936年6月在瑞士蒙特勒举行国际会议(有10个国家参加),签订《关于黑海海峡制度的公约》。公约规定:各国商船可以自由通过海峡;在和平时期,黑海沿岸国家和非黑海沿岸国家的军舰通过海峡时,主力舰数量和船舰总吨位有不同的限制。在战争时期,如果土耳其中立,交战国军舰不得通过;如果土耳其参战,允许通过与否，由土耳其酌情决定。当时规定“公约有效期 20 年”，但 20 年后土耳其政府拒绝任何“修约”提议。所以，在蒙特勒签订的《关于黑海海峡制度的公约》至今有效。

奥斯曼帝国历代执政者为守护博斯普鲁斯海峡主权，可以说殚精竭虑，长期紧张，可我们研究历史则发现这样几个事实：第一，奥斯曼帝国后期虽然衰弱，却始终没有失去海峡主权，相反，在海峡问题上占据主动权，有时甚至拿“海峡问题”与欧洲大国做交易。第二，博斯普鲁斯海峡主权的丧失，是在奥斯曼帝国瓦解之后，而且只有 18 年时间（1918—1936 年）。第三，从整个帝国历史上看，海峡开放、商船如云，帝国兴盛；海峡封闭、剑拔弩张，帝国危急。这一现象交替出现。第四，如果不问原因和条件，单从表象和结果看，帝国时期土耳其人在海峡问题上损失较少，得益较多。在旁观者看来，拥有博斯普鲁斯海峡“是福不是祸”，土耳其人没必要那么紧张。但对土耳其人来说，为守卫海峡经历了多少梦魇！

细究博斯普鲁斯海峡主权问题，似乎觉得其中有“玄机”。其实，此“玄机”也不难破解。第一，欧洲大国争夺近东地区的利益，相互抵制，总有大国“主动保护海峡”，防止别国抢先，这在客观上帮助了奥斯曼帝国。第二，奥斯曼帝国的政治家和外交官们，善于利用大国矛盾，化被动为主动。其中，第一个条件是特殊条件。也就是说，奥斯曼帝国成功守护海峡主权的经验不可复制。

如果把这个历史问题当作一个学术话题，就会有新的启示。在世界近代史教材中，关于落后国家主权问题的一般结论是:第一,列强凭借船坚炮利任意侵犯弱国主权;第二,奥斯曼帝国是“欧洲病夫”;第三,弱国无外交。但博斯普鲁斯海峡主权问题反映出:首先,列强的利益很难达到“一致”,侵犯弱国主权未必做到为所欲为。其次,弱国也有外交,也能维护利益。中国古诗云:“泾溪石险人兢慎,终岁不闻倾覆人”,国家也一样。致力于守护“薄弱”部位,最薄弱之处也就变得坚实;自恃“固若金汤”,往往成为“马其诺防线”。这是历史多次证明了的。

访谈:奥斯曼帝国的崛起阻断了东西方贸易吗?

澎湃新闻记者(于淑娟):

这两年由于国家对“一带一路”战略的重视,作为传统丝绸之路沿线的重要国家之一,土耳其也因此备受关注。

由于其独特的地缘优势,历史上,土耳其在东西方贸易中一直占有重要地位。历史教科书曾告诉我们,葡萄牙人和西班牙人之所以开辟新航路,是因为奥斯曼帝国的崛起阻断了传统的商路。事实果真如此吗?就此问题,澎湃新闻(www.thepaper.cn)采访了上海大学历史系教授王三义。

王教授说,传统商路是指运送中国、印度的丝绸、香料、药材等商品到欧洲的路线。亚欧大陆最古老的一条商路东起中国,经中亚腹地至小亚细亚,再到欧洲,中间有多条支线,即陆上“丝绸之路”。而经印度洋到达欧洲的商路也是两条:一条从印度洋进入波斯湾,由波斯湾登陆,陆路到达叙利亚,商品由叙利亚转往欧洲;一条是经印度洋过红海到达埃及,再从埃及转往欧洲。如果要说土耳其人“阻断”了传统商路，必须是把这几条路都阻断了，只要有一条通畅，就不能说“传统商路不通”。然而，事实并非如此。长期以来这一广泛流行的观点——传统东方商路被土耳其人阻断值得商榷。

澎湃新闻：为什么说“土耳其人阻断传统商路”这一流行观点值得商榷？

王：首先，奥斯曼帝国的发展和扩张，经过了一个较长的过程。早期的奥斯曼土耳其国家，只是一个游牧民族国家，疆域限于安纳托利亚高原。扩张之初，土耳其人将近一个世纪在巴尔干地区用兵。到1453年攻陷君士坦丁堡时，叙利亚及其以南的地区都不是奥斯曼国家的领土。这一阶段，土耳其人的势力还没有伸展到地中海东南岸。没有实力控制东地中海要道，就谈不上阻断商路。

其次，奥斯曼帝国“崛起”，必然会“阻断商路”吗？经由印度洋的两条商路都要穿过东地中海，叙利亚和埃及是必经之地。显然，土耳其人控制这里，才有可能“阻断商路”。土耳其人征服叙利亚（包括巴勒斯坦）和埃及，是在1516—1517年，此时，通往美洲的新航路已经开通了，麦哲伦环球航行的船队正准备出发。

澎湃新闻：也就是说，奥斯曼帝国的崛起与开辟新航路，这两个历史事件并不存在因果联系？

王：这段历史本来是清楚的。

在土耳其人的扩张过程中，有这么几个关键事件：1362年土耳其人夺取亚德里亚堡，进而侵占马其顿平原；1384 年攻占索非亚，不久后控制整个保加利亚；在 1389 年的科索沃战役中，土耳其人大败南斯拉夫人的军队，塞尔维亚帝国灭亡；1453 年攻占君士坦丁堡；60 多年之后，土耳其人于 1516 年占领叙利亚；1517 年征服埃及。

新航路开辟的重要事件有：1402 年卡斯蒂利亚人占领了加那利群岛；1415 年葡萄牙人占领北非的休达城；1441 年葡萄牙人发现布朗角，探险队从非洲带回黑人奴隶；1488 年巴托罗缪·迪亚士绕过非洲南端的好望角；1492 年哥伦布第一次航行到美洲；1497—1498 年达·伽马的船队到达印度卡里库特城，挂着英国国旗的意大利船队也在大西洋上航行；1517—1519 年麦哲伦船队完成环球航行。

从这两条时间线上看，土耳其人的扩张和西欧冒险家探索新航路几乎是在同一时段各自进行的，土耳其人的扩张活动开始较早。

澎湃新闻：既然历史事实是清楚的，为什么会有认识或判断上的差异呢？

王：关键在于，奥斯曼帝国是什么时候“崛起”的，在这一点上，判断有较大差异。

有的学者把 1354 年土耳其人渡过达达尼尔海峡进入欧洲作为重要标志，认为从此时起土耳其人开始威胁欧洲安全。有的学者把 1453 年攻陷君士坦丁堡作为奥斯曼帝国崛起的标志。有的学者把 1517 年占领埃及作为奥斯曼帝国霸国地位形成的标志。

倘若说1354年奥斯曼帝国已经威胁欧洲,那么,"土耳其人的威胁"在先,葡萄牙人和西班牙人的探险活动在后。倘若以1453年作为奥斯曼帝国崛起的标志,那么,葡萄牙人和西班牙人的探险活动一半在奥斯曼帝国崛起之前,一半在奥斯曼帝国崛起之后。倘若以1517年土耳其人征服叙利亚和埃及作为标志,那么,葡萄牙人和西班牙人的主要探险活动在此前已经完成。

如果根据1354年"威胁欧洲"说和1453年崛起说,是可以推导出一个因果关系来的。

澎湃新闻:在这个问题上,您的见解呢?

王:第一,土耳其人不断向欧洲扩张,"崛起"之前已经在威胁欧洲,但它还没能力控制东地中海。如果说土耳其人有能力阻断商路,时间只能在1517年之后。

第二,奥斯曼帝国国力强盛,试图建立霸权是在苏莱曼一世时期,即1520—1566年。土耳其人与西班牙人争夺地中海霸权,是在1550年之后。例如,1559年土耳其人在杰尔巴战役中打败西班牙舰队,奥斯曼帝国在地中海的力量达到鼎盛。但1571年10月的勒班陀战役土耳其还是失败了。

我的看法是,不能高估奥斯曼帝国的强大。16世纪土耳其人未能彻底夺得摩洛哥、直布罗陀和通向大西洋的出海口,也未能主宰地中海;在东方,土耳其人未能征服波斯,就无法取得面向印度洋的重要据点。

相反,葡萄牙在印度洋的势力对奥斯曼帝国的挑战不能低估,说到底,是欧洲人阻止土耳其人闯出波斯湾和红海。这一点，布罗代尔等学者已有深入研究。布罗代尔甚至认为："不是土耳其人阻碍了葡萄牙，相反，葡萄牙也是阻止土耳其人继续扩张的力量之一。"

澎湃新闻：按照您的说法，东方通往欧洲的传统商路并未中断？

王：是的。土耳其人在崛起过程中，先征服巴尔干地区，然后征服叙利亚、埃及、两河流域、非洲北部的突尼斯和阿尔及利亚，每占领一个地方，土耳其人不能或不愿管理他们的贸易，海关官员和税务官是由威尼斯人、希腊人或亚美尼亚人充任。土耳其人是游牧民族出身，擅长打仗，不精于算计，奥斯曼帝国时期活跃在经济领域的是少数民族（希腊人、犹太人、亚美尼亚人等）。

埃里克·琼斯等学者认为，16 世纪奥斯曼征服埃及后，重新打通了陆上香料贸易的路线。商队转运香料比绕过好望角的海运风险小，只是土耳其人获益不多。17 世纪后期，香料贸易逐渐衰落，这主要是因为欧洲人对香料的需求减少了。大卫·尼古拉认为，土耳其人对匈牙利、巴尔干和地中海造成了威胁，不过，到 16 世纪末，土耳其人与西方人还是保持着活跃的贸易活动。埃里克·琼斯的著作中说："奥斯曼土耳其人给近东带来稳定的秩序，保障了跨肥沃新月地带的贸易路线的安全。"奥斯曼帝国并不是地中海贸易的破坏者。我相信埃里克·琼斯、大卫·尼古拉等学者的判断。

关键在于，近东的商人只做转运贸易，不管哪一个势力控制地中海，都不会造成太大影响。比如，在 16 世纪，土耳其人控制东地中海，奥斯曼帝国境内的商人从东亚、东南亚进口胡椒、珠宝、丝绸以及欧洲人需要的其他商品，他们很少有组织地进行与欧洲的直接贸易。欧洲商人来到东地中海的奥斯曼帝国商业中心，收购这些长途商贩运来的商品以及奥斯曼帝国本土的商品，然后装上欧洲船，运到欧洲市场。这样的贸易是长期存在的，谁控制地中海，也不可能限制商业活动。

澎湃新闻：对“土耳其人阻断传统商路”的观点，是否有学者提出过质疑？

王：利布耶尔 1915 年发表的文章中，就提出过质疑。由于利布耶尔的文章发表较早，多数人并不了解。直到沃勒斯坦的著作《现代世界体系》问世，书中引用利布耶尔的文章并加以阐述，利布耶尔质疑“土耳其人阻断商路说”的观点才为人所知。我国学者雷海宗 20 世纪 40 年代在清华大学的课堂上就指出流行观点的荒谬，认为“土耳其人阻断商路”之说纯属捏造。雷海宗先生还指出，葡萄牙人到达印度后，就回过头来破坏阿拉伯商人的活动，割断了旧日东西方贸易的交通线。

澎湃新闻：既然传统商路没有被阻断，葡萄牙人和西班牙人为什么要“舍近求远”？他们开辟新航路的动机是什么？

王：葡萄牙人和西班牙人的目的地还是东方，仅仅是绕开了地中海。葡萄牙人从非洲南端绕行到印度，西班牙人横渡大西洋寻找通往中国和印度的航路。有的学者局限于“阻断商路”说，认定假如土耳其人没有阻断商路，那么肯定有其他民族。于是，有人提出“威尼斯和热那亚商人垄断商路”，有人提出“阿拉伯人控制东地中海的商路”。当然，有人说“传统的商路已经衰落”。

我的看法是：地中海的威尼斯人和埃及以东的穆斯林把持了商路的正常贸易，葡萄牙人和西班牙人无法染指。东地中海原有的贸易规则和“秩序”是葡萄牙人和西班牙人要躲开的，对他们来说，真正阻隔商路的是传统的贸易规则和原有的“秩序”。从葡萄牙人和西班牙人在开辟新航路过程中烧杀抢掠的各种暴行看，这些冒险家不是商人，而是强盗，他们压根儿没想着做生意，不打算通过正常商业手段获得利益，而是想直接掠夺财富。要掌握直接获取财富的主动权，不得不另辟蹊径。

葡萄牙人和西班牙人的目的和动机是什么？世界各国的学者都关注过这个问题，发表的论著不少。比如，有的学者提出，葡萄牙人早期的探险是开疆拓土；有的学者指出，葡萄牙人和西班牙人着眼于商业，因而走得更远；有的学者认为，葡萄牙人要寻找非洲东部的基督教约翰王国。我们的教科书上说，《马可·波罗游记》中对中国富庶的描述吸引了西欧人。研究西欧人殖民探险的学者则指出，葡萄牙探险者最初并没有去印度的明确目标。一个证据是，葡萄牙关于东方的真实的地理和商业知识是在到达印度后获得的，到达印度前，葡萄牙人并不完全了解东西方商贸的具体路径。不管怎么说，归根结底他们还是想掠夺财富。

澎湃新闻：奥斯曼帝国的崛起到底对欧洲世界有没有威胁？威胁体现在哪些方面？

王：土耳其人的扩张，一开始就给欧洲造成威胁。今天的塞尔维亚、保加利亚、希腊、罗马尼亚、匈牙利,整个东南欧几乎都被土耳其人征服。土耳其人几次兵临维也纳城下,几次围攻拜占庭首都君士坦丁堡,给欧洲人造成了恐惧。16世纪奥斯曼帝国的海军,在地中海世界也是不可小觑的力量,多次与威尼斯、西班牙舰队发生战争。简言之,奥斯曼帝国崛起前威胁欧洲大陆,崛起后威胁地中海周边国家,比如地中海的商业主角威尼斯。后来也和荷兰、法国、英国形成对抗。这一点是不可否认的。

问题在于,土耳其人对哪些欧洲人造成了威胁。说奥斯曼帝国的崛起对葡萄牙人和西班牙人构成威胁,这是子虚乌有的,但对于奥地利、意大利、荷兰和后来试图控制地中海的法国、英国,"威胁"是实实在在的。毕竟奥斯曼帝国横跨欧、亚、非三洲,西方人的殖民活动,绕不过这个庞然大物。

澎湃新闻:也就是说,土耳其人阻断商路的说法并不是空穴来风?

王:雷海宗先生指出,西方人为了殖民需要,惯用制造侵略借口的手段。不过,殖民者为什么编造"土耳其人阻断商路"的借口?从史料看,15—18世纪,先是葡萄牙人和西班牙人试图开辟新航路,接着是荷兰人、法国人、英国人抢夺新航路,控制传统商路,在地中海、红海、波斯湾的争夺,都是欧洲人之间在激烈争斗,土耳其人插不上手。但土耳其人在欧洲人眼里是野蛮人。土耳其在陆上和海上对欧洲造成的军事威胁,使欧洲人对穆斯林产生普遍敌意。西欧渲染土耳其人反基督教文明的暴行，夸大土耳其人的野蛮，西欧知识分子制造反抗土耳其的舆论，说“土耳其人把异教伊斯兰的威胁带到了基督教西方的大门口”。但事实上，欧洲人对奥斯曼帝国统治下的人民的生活了解很少。

奥斯曼帝国移动的边界

奥斯曼国家起初局限于小亚细亚西北角，1453 年征服君士坦丁堡后，成为不可小觑的帝国，1517 年征服埃及后变成地跨三洲的大帝国。苏莱曼一世时期（1520—1566 年在位）是奥斯曼帝国的黄金时期，国力强盛，威震欧洲和西亚。1699 年之后开始走下坡路。但被欧洲人认定已经病入膏肓的晚期奥斯曼帝国，却奇迹般地延续 200 多年，直到巴尔干和北非的属地丧失殆尽，奥斯曼帝国仍然是主权国家。从边疆扩展和收缩着眼，可以看到这个帝国演变的轨迹；在帝国由弱到强、由盛转衰的变化中，最为明显的特征是疆域的伸缩和边界的移动。

一

奥斯曼国家的建立者奥斯曼（1299—1326 年在位）继承的封地，位于安纳托利亚高原的西北角，中心是今天土耳其埃斯基谢希尔城北面的瑟于特，封地的面积不大，处于塞尔柱突厥王国的边区。奥斯曼从 13 世纪 80 年代开始对周围村庄和要塞进行兼并，逐步占据埃斯基谢希尔、伊诺努、比莱吉克、耶尼谢希尔等城镇。1300—1320 年，奥斯曼夺取萨卡里亚河以西的土地，当时的领地范围南达埃斯基谢希尔，西面和北面至乌鲁山，靠近马尔马拉海。

奥斯曼的儿子奥尔汉（1326—1359 年在位）率领军队打败拜占庭守军，占领了布尔萨。奥斯曼国家的首都迁到布尔萨。奥尔汉于 1331 年占领尼西亚，1337 年占领尼科米底亚，1338—1345 年，土耳其人完成对小亚细亚的征服。这时奥斯曼国家的领土包括了自爱琴海到黑海的整个小亚细亚西北角，相当于今天土耳其共和国领土的 1/8，还不到 10 万平方千米。

此后奥斯曼土耳其人进入欧洲。1354 年，奥尔汉在达达尼尔海峡另一岸的加里波利半岛建立军事据点。不久夺取东色雷斯的大部分地区。奥尔汉统治时期还向东扩张，控制安卡拉附近地区。按戴维森的说法："奥斯曼帝国的发展走势，像钟摆那样时而向西，时而向东，但向西发展始终占首位。"[①] 1362 年，穆拉德一世（1359—1389 年在位）率军队夺取亚德里亚堡（埃迪尔纳），进而侵入马其顿平原。奥斯曼国家的首都从布鲁萨迁到埃迪尔纳。1384 年攻占索非亚，不久控制了整个保加利亚。奥斯曼土耳其人还征服了巴尔干地区的马其顿和塞尔维亚的部分地区，兵锋直达亚得里亚海。在亚洲，穆拉德一世夺占安卡拉，并把原来奥斯曼国家在安纳托利亚的领地扩展了将近一倍。

---

① 戴维森：《从瓦解到新生》，学林出版社 1996 年版。

1389年,奥斯曼人在科索沃战役中大败南斯拉夫人的军队,塞尔维亚帝国从此灭亡。巴耶济德一世(1389—1402年在位)接着率领军队越过多瑙河,侵入色萨利,占据马其顿、保加利亚的部分地区。1396年在尼科堡打败欧洲人组织的"十字军",巴耶济德一世乘胜占领色萨利、科尼亚,入侵匈牙利。巴耶济德一世死后,奥斯曼人在西亚的许多领地丧失,边界收缩。

穆罕默德一世(1402—1421年在位)努力使疆域恢复到他父亲巴耶济德一世时代的范围。穆拉德二世(1421—1451年在位)于1430年把萨洛尼卡从威尼斯人手中夺回来,1444年在瓦尔纳打败欧洲的十字军,1446年侵入希腊,攻占科林斯,两年后打败瓦拉几亚人。至此,阿尔巴尼亚、希腊、罗马尼亚、塞尔维亚尽归奥斯曼国家版图。

穆罕默德二世(1451—1481年在位)于1453年攻占君士坦丁堡,这是奥斯曼土耳其人标志性的胜利,尽管这座古都早已是一座孤城。对穆斯林来说,攻陷君士坦丁堡是伟大而光荣的业绩,穆罕默德二世因此赢得极大的声誉。在1459—1475年之间,穆罕默德二世征服了塞尔维亚的迪斯波塔特,接着占领雅典的公爵领地、伯罗奔尼撒半岛的公国;征服特拉布宗(黑海南岸)的希腊人王国;征服波斯尼亚王国;夺取热那亚人在黑海的殖民地;兼并克里米亚,黑海从此变成奥斯曼帝国的内湖。1478—1481年,穆罕默德二世征服阿尔巴尼亚,把阿尔巴尼亚和黑塞哥维那纳入帝国的统治范围,并征服了希腊和伯罗奔尼撒半岛大部分地区。由于受到奥斯曼土耳其人的不断袭击,威尼斯于1479年1月与奥斯曼土耳其人签订条约,答应放弃包括杜拉佐在内的全部阿尔巴尼亚属地，并放弃优卑亚、雷姆诺斯、伯罗奔尼撒半岛上的泰格托斯。穆罕默德二世与威尼斯之间发生多次战争，但未能征服意大利（1480 年占领过意大利半岛的奥特朗托，后来撤退了），只占领了爱琴海诸岛，巩固了他在伯罗奔尼撒半岛的统治。到 1481 年为止，奥斯曼国家的领土已经比 1354 年的疆土扩大了 10 倍以上，达到约 100 万平方千米。

到谢里姆一世时期（1512—1520 年在位），短短几年时间，从波斯人手中夺得阿塞拜疆和库尔德斯坦，征服了两河流域北部。1516 年攻占了大马士革，征服叙利亚；1517 年征服埃及，使奥斯曼帝国的版图延伸到红海、东地中海和北非地区（远至阿尔及利亚）。一般史书中把 1453 年攻陷君士坦丁堡作为奥斯曼帝国的开端，其实，奥斯曼国家成为帝国，应从 1517 年征服埃及、占据非洲领土算起。只有在这时奥斯曼国家才变成一个横跨三州的大帝国，直接对地中海世界各国构成威胁。

1520 年登上苏丹宝座的苏莱曼大帝（1520—1566 年）取得对外征服的重大胜利。先是 1521 年占领了贝尔格莱德，1522 年占领罗得岛，接着于 1526 年攻占莫哈奇、布达、佩斯，进入匈牙利，于 1529 年 9 月围攻维也纳。苏莱曼大帝还向波斯和两河流域用兵，一度占领波斯的大不里士，转而南下占领巴格达，把帝国的边界推进到波斯湾。苏莱曼大帝征服的地区还包括非洲北部的利比亚沿海地区。至此，奥斯曼帝国的领土比 1481 年的疆土扩大了 4 倍以上，达到约 450 万平方千米。

塞利姆二世（1566—1574年在位）和穆拉德三世（1574—1595年在位）沿着北非海岸展开军事行动。1569年侵入塞浦路斯，其后围攻突尼斯。1571年西班牙和奥斯曼帝国双方展开一场激烈的海战（勒班陀战役），奥斯曼土耳其人的舰队被摧毁，突尼斯之围被解，但勒班陀战役未能阻止土耳其人西进。1574年土耳其人再次攻打突尼斯，并迅速向马格里布推进，1578年打败摩洛哥地区的葡萄牙军队。从1566—1683年，奥斯曼帝国除了保持原来的疆土，还征服阿拉伯半岛西南沿岸，直至也门。向东控制高加索地区，向东南控制波斯湾南岸地区。其中穆拉德四世（1623—1640年在位）时期从伊朗手中重新夺得巴格达。在奥斯曼帝国和伊朗之间的“缓冲区”库尔德斯坦、高加索，这一时期的统治是有效的，当地人的生活变得稳定。无论从国内的政局还是从国际上的地位来看，穆拉德四世确实巩固了帝国。

1683年奥斯曼帝国的疆域达到最大。此时帝国的疆域范围大致包含今天西亚的土耳其、伊拉克、科威特、叙利亚和黎巴嫩、以色列、沙特阿拉伯的汉志地区、也门西部、格鲁吉亚、亚美尼亚、阿塞拜疆；欧洲的罗马尼亚、保加利亚、南斯拉夫联盟、马其顿、希腊、波斯尼亚和黑塞哥维那、克罗地亚、斯洛文尼亚、阿尔巴尼亚、匈牙利、摩尔多瓦、乌克兰南部的克里米亚及附近地区；非洲的埃及、苏丹的北部、利比亚北部、阿尔及利亚北部、突尼斯，以及地中海的克里特、塞浦路斯等。面积大约530万平方千米。

这样大的领土并非连成一片，而是被爱琴海、亚得里亚海、黑海、马尔马拉海、红海等隔开，形成类似章鱼的不规则形状。安纳托利亚连同两河流域、叙利亚构成一整块，巴尔干地区是一整块，而北非从埃及向西至阿尔及利亚北部，像一条伸出去的长腕；沿着红海伸展到也门，形成另一条长腕；从波斯湾西南岸延伸到今阿联酋边界是一条短腕。在世界历史上的大帝国中，奥斯曼帝国的疆域最不规则，边界线最为曲折，疆界的伸缩幅度最大。

二

奥斯曼帝国丧失疆土也从 1683 年开始的。奥斯曼军队围攻维也纳未成功，而雅典、默里厄、科林斯被威尼斯人夺占；不久，奥地利人把奥斯曼军队驱逐出匈牙利。1688—1689 年，贝尔格莱德、维丁、尼什被叛军占领（过了一段时间才收复）。1696 年亚速城的守军投降俄罗斯，第二年奥斯曼军队被奥地利的欧仁亲王率领的军队打败，从此彻底失去了匈牙利和贝尔格莱德以北的大片土地。

1699 年，奥斯曼帝国与荷兰、俄罗斯、奥地利、威尼斯、波兰在贝尔格莱德以北的卡洛维茨签订条约。根据《卡洛维茨条约》，奥斯曼帝国放弃默里厄和达尔马提亚（归威尼斯）、特兰西瓦尼亚和匈牙利（归奥地利）、卡梅涅茨和波多利亚（归波兰），从威尼斯人手里收回雅典。

1711—1739 年之间，奥斯曼帝国与俄罗斯争夺黑海以北地区，尼什、贝尔格莱德、亚速几次易手。1768 年，奥斯曼军队被俄国人打败，奥斯曼帝国失去了雅西、布加勒斯特，不久也丧失了摩尔达维亚和瓦拉几亚。1774年奥斯曼帝国与俄罗斯签订《库楚克—凯纳吉条约》，奥斯曼苏丹收回比萨拉比亚、摩尔达维亚、瓦拉几亚和爱琴海诸岛；亚速、克里米亚及附近地区被俄国获得；黑海向俄国开放；俄国获得“保护奥斯曼帝国境内的东正教徒的权利”。1787年，奥斯曼帝国与俄国和奥地利再次发生战争，1791年奥斯曼帝国与奥地利签订条约，奥地利表示“维持边界现状”。1792年奥斯曼帝国与俄国签订《雅西和约》，奥斯曼帝国同意俄罗斯将它的疆界推进到德涅斯特河。1798年拿破仑入侵埃及行省，并一度占领巴勒斯坦和叙利亚的部分地区。

根据1829年签订的《亚德里亚堡和约》，俄国从奥斯曼帝国取得多瑙河入海口的土地、小亚细亚东部的土地，也取得对海峡的控制和对摩尔达维亚和瓦拉几亚等公国的控制。希腊获得独立，于1830年建立希腊共和国。1831年奥斯曼政府军与埃及总督穆罕默德·阿里发生战争，阿里一度占领巴勒斯坦、叙利亚的重要城市阿克、大马士革、阿勒颇等。1839年第二次埃土战争阿里战败，奥斯曼帝国收复这些城市。1856年克里米亚战争结束后签订的《巴黎条约》及附件规定：欧洲大国共同尊重并保证奥斯曼帝国的独立和完整；黑海中立化，重申1841年海峡条约的有关条款，黑海水域允许所有国家的商船通行，禁止所有战舰进入；俄国退出南比萨拉比亚，巴尔干诸公国不再受俄国保护，而是在奥斯曼苏丹宗主权的名义下由欧洲大国共同保证。

从19世纪70年代发生近东危机到1913年巴尔干战争结

束，奥斯曼帝国的巴尔干领土几乎丧失殆尽。1875 年塞尔维亚和黑山发生叛乱，对奥斯曼帝国构成严重威胁。1877—1878 年签署的《圣斯蒂法诺条约》和《柏林条约》承认塞尔维亚、黑山独立。

在奥斯曼帝国所有的巴尔干属地中，摩尔达维亚和瓦拉几亚公国所处的地理位置容易受到俄国侵扰。1711—1853 年之间，俄国军队八次占领这两个公国。奥斯曼帝国 1774 年被迫承认两个公国的“保护权”。从 1829 年起，奥斯曼帝国对罗马尼亚地区的统治仅仅是名义上的，俄国实际控制这一地区，直至克里米亚战争爆发。战争之后，俄国的“保护权”被取消，而由列强共同“保护”。1859 年和 1861 年摩尔达维亚和瓦拉几亚合并，于 1878 年形成独立的罗马尼亚。也就是说，到 1878 年为止，塞尔维亚、黑山、罗马尼亚脱离帝国，奥斯曼帝国失去大约 30 多万平方千米的领土。

巴尔干其他国家也逐步摆脱奥斯曼帝国的统治。波斯尼亚和邻近的黑塞哥维那 1875 年发生起义，奥斯曼人无力镇压起义。1878 年波斯尼亚和黑塞哥维那在奥匈帝国的“保护”下取得独立，但 1908 年被奥匈帝国吞并。保加利亚问题是 1878 年的柏林会议上讨论最多的问题，《柏林条约》的 54 个条款中有 22 个条款涉及保加利亚问题。《柏林条约》同意保加利亚把瓦尔纳、索菲亚桑贾克的部分地区包括在统治范围之内；俄国在九个月之内结束对保加利亚和东鲁米利亚的占领。保加利亚被分成三部分：南部仍归奥斯曼帝国；北部自治，但由俄国控制；剩下的东鲁米利亚取得自治后接受国际监督。保加利亚在 1912

年的第一次巴尔干战争中取得独立。马其顿在1878年之后仍完全处于奥斯曼帝国的控制之下，1913年独立。

阿尔巴尼亚是奥斯曼帝国的欧洲领土中仅有的穆斯林人口占到70%的属国，实际上处于自治状态。1878年阿尔巴尼亚人掀起反抗保加利亚和黑山的起义。1878年的柏林条约没有涉及阿尔巴尼亚。1911年，阿尔巴尼亚人与奥斯曼土耳其人冲突，奥斯曼政府作出让步。1912年阿尔巴尼亚出现普遍混乱，奥斯曼政府进一步作出妥协，4个阿尔巴尼亚省取得自治权，不久阿尔巴尼亚独立(人口不到100万人)。

塞浦路斯在1878年被英国控制，英国与奥斯曼帝国签订了《塞浦路斯条约》，奥斯曼帝国同意把塞浦路斯岛让与英国占领和管理。克里特一度被埃及控制，1840年重新归奥斯曼帝国。1897年克里特起义者宣布克里特与希腊合并，这年4月希腊与奥斯曼帝国发生战争，希腊惨败，但由于列强的干预，克里特取得了自治。1913年克里特与希腊合并。根据巴尔干战争后签订的《伦敦条约》(1913年)，奥斯曼帝国的欧洲领土几乎全被战胜国瓜分了。在第二次巴尔干战争中，奥斯曼帝国趁机收复了包括埃迪尔纳在内的东色雷斯，这一地区成为奥斯曼帝国在欧洲仅有的领土，其面积由原来的16.25万平方千米减少到2.75万平方千米，人口由原来的600万减少到300万。

奥斯曼帝国的非洲属地中，阿尔及利亚于1830年被法军武装占领，阿尔及利亚人民40年的反抗最终失败后，沦为法国的殖民地。1896—1900年，阿尔及利亚被给予行政上的自治权。突尼斯是奥斯曼土耳其人17世纪占据的领土，从19世纪30年代开始，法、英、意、土展开了对突尼斯的争夺。1881年法军占领了突尼斯，奥斯曼帝国被迫让步，根据条约，法国从1883年开始确立了对突尼斯的保护关系。利比亚一直是法国和意大利征服和争夺的对象。意大利先是与法国划分势力范围，进而发动战争，1911年9月至1912年10月奥斯曼帝国与意大利间发生战争，1912年签订的《洛桑协定》中，奥斯曼政府被迫承认意大利对的黎波里和昔兰尼加（今利比亚北部）拥有主权。非洲的埃及实际上早已脱离奥斯曼帝国，成为独立王国，1882年被英国占领，成为英国的殖民地。

在奥斯曼帝国瓦解前，巴尔干半岛上的民族几乎都脱离奥斯曼帝国，奥斯曼帝国的领土面积缩减大约76万平方千米。北非的埃及、突尼斯、利比亚、阿尔及利亚等地在19世纪陆续被英、法、意占领，使帝国的领土缩减大约220万平方千米。1913年7月29日，英国与奥斯曼帝国签订了一项协定。根据协定，波斯湾的科威特谢赫领地成为英国在波斯湾的“半保护”体系的一部分，确保了英国在波斯湾的地位，而奥斯曼帝国放弃对波斯湾地区的要求。到1914年时，奥斯曼帝国名义上的领土只有安纳托利亚、叙利亚、巴勒斯坦、伊拉克、汉志、也门西部、欧洲的色雷斯等地，面积大约210万平方千米，只有原来疆域最大时的国土面积的2/5。

第一次世界大战后签订的《色佛尔条约》，彻底瓜分了奥斯曼帝国。叙利亚划归法国统治，伊拉克和巴勒斯坦划归英国统治，汉志和亚美尼亚独立；奥斯曼的欧洲属地东色雷斯和亚洲本土伊兹密尔及周围地区割让给希腊；摩苏尔产油区割让给英国。安纳托利亚则被英、法两国支持的希腊军队所占领。

三

奥斯曼国家的对外扩张主要依赖军事力量，但帝国的崛起和霸权局面的形成，就不仅仅靠土耳其人的能征善战，还有多方面的因素。奥斯曼帝国在各个边疆地区经历和面对的情况差异较大。边疆的地方自治权大小、欧洲人干预的程度、对奥斯曼统治有利的地方租税征收等因素，共同影响着奥斯曼帝国的边疆管理。奥斯曼帝国并未能彻底夺得摩洛哥、直布罗陀和通向大西洋的出海口，也未能主宰地中海；在东方，它未能征服波斯，波斯形成无可逾越的障碍，使土耳其无法取得面向印度和印度洋的重要据点。

在安纳托利亚东部和阿拉伯行省等边疆地区，往往没有形成有效的管理。作为帝国边疆的库尔德斯坦、约旦河东岸地区、也门、北非地区，游牧部落与城镇交错分布，历史时期这些边疆地带时而“开放”，时而“封闭”。所谓“开放”，是指外来部族不断进入，呈现出松散、混乱的状态；所谓“封闭”，是指帝国的政治权力强化，完全控制这些地区①。边疆地带处于部落组织和国家管理的交界，奥斯曼政府通过向当地的生产者和商人征税来扩大直接统治。城镇和农村与当地部落共同组成政治单位——酋邦。这些边疆地区的部落和酋邦形成的秩序

---

① 尤杰·罗格：《晚期奥斯曼帝国的国家边界》，剑桥大学出版社 1999 年版。

是奥斯曼帝国直接统治的最大障碍，部落军事力量也向帝国的高压统治提出挑战。奥斯曼政府试图使用武力使边疆的部落屈服，但始终是付出代价而收获甚微。边疆可能就不需要国家管理，而奥斯曼帝国需要对边疆进行直接管理①。奥斯曼帝国在叙利亚、阿拉伯沙漠的疆界，直到 18 世纪后半期才出现有限的管辖，此前几乎处于无政府的松散状态。

奥斯曼帝国漫长的衰落过程，从外因讲，欧洲大国的争夺形成均势，有利于奥斯曼帝国的延续，这一结论不无道理。但奥斯曼帝国衰落而迟迟未崩溃，还在于奥斯曼帝国的有识之士在内忧外患的情况下认识到帝国的弊端所在，试图改革制度，改变局面。处于弱势的晚期奥斯曼帝国，为了生存不断寻找依赖的对象（先依赖英国和法国，后依赖德国），也是一种主动的努力，对维系主权有利。因此，我们在世界历史上看到的，是一个疆域迅速扩大而后又不断萎缩的国家，看到它的边界线始终在变动着；我们看到一个建立霸权的国家，但这个霸权国家空有其表而实际上很脆弱；我们也看到，这个帝国衰败不堪但又坚韧地挺立在欧、亚、非三洲的连接处。

---

① 尤杰·罗格：《晚期奥斯曼帝国的国家边界》。

一场不该发生在克里米亚的战争

一个陌生而遥远的地名，因为热点问题而迅速为人们所熟悉。2014 年 3 月发生的克里米亚脱离乌克兰的事件，使“克里米亚”这个地名频频出现，由此引起人们追问克里米亚历史的兴趣。在追问和谈论克里米亚的历史时，发生在 19 世纪中叶的“克里米亚战争”（The Crimean War，也译为“克里木战争”），似乎是绕不过去的话题。

克里米亚战争是多国参与的一场规模较大的战争，因其造成惨重伤亡，也对战败国俄罗斯产生深刻影响，故而世界战争史、国际关系史和世界近代史里都要提到。在克里米亚战争中，一些新式枪械和交通工具派上了用场，也出现了战地医疗服务。英国护士南丁格尔（Florence Nightingale）和俄国医生皮罗古夫（Pirogov）在不同地点组建了医疗救护站，尽最大努力抢救伤员。后来因“南丁格尔护士奖”，人们记住了南丁格尔，却没人记得皮罗古夫。

关于克里米亚战争的时间，笼统的说法是 1853—1856

年，实际上，这场战争分两个阶段。1853 年 10 月—1854 年 2 月是第一阶段，战争局限于奥斯曼帝国与俄国之间，规模不大；1854 年 3 月—1856 年 3 月是第二阶段，英国、法国、奥地利、撒丁王国参战，变成以俄国为一方，以奥斯曼帝国、英国、法国、奥地利、撒丁王国为另一方的大规模战争。

首先，克里米亚战争的作战地点一开始不在克里米亚，而是在多瑙河下游。俄国与奥斯曼帝国争夺的是多瑙河下游的瓦拉几亚和摩尔达维亚，英、法等国参战也是在多瑙河下游打仗。俄国败退后往克里米亚撤军，“多国联军”穷追猛打，追向克里米亚。于是，战场转移到黑海北岸的克里米亚半岛，克里米亚的塞瓦斯托波尔等城市在战火中遭受浩劫，同时，高加索和波罗的海也有战斗。这场以俄国的惨败而收场的战争，由于后期的主战场在克里米亚半岛，所以不叫“多瑙河战争”或“巴尔干战争”，而称为“克里米亚战争”。

其次，克里米亚战争并不为争夺克里米亚。克里米亚早已被俄国吞并了。俄国从 1783 年起统治克里米亚，此后以克里米亚为基地，企图控制黑海。在克里米亚战争发生之前，俄国人统治克里米亚 70 年。克里米亚的鞑靼人受俄国人的压迫，奥斯曼帝国统治者同情鞑靼人，却无力收复克里米亚，直到 1854 年英、法等国参战，帮助奥斯曼政府打败了俄国。俄国军队在战场上失败了，但克里米亚仍然是俄国的。

克里米亚战争是怎么发生的呢？是俄国和法国争夺“圣地保护权”引起的。

18—19 世纪俄国不断南下侵略奥斯曼帝国，并以“保护奥斯曼帝国境内的东正教徒”为幌子，多次支持罗马尼亚人、保加利亚人和塞尔维亚人反抗奥斯曼政府。而法国从16世纪弗朗索瓦一世时期就宣称，法国对奥斯曼帝国境内的天主教徒有“保护权”，圣地耶路撒冷和城南的伯利恒由法国天主教徒管理。1740年法国与奥斯曼政府签订条约，强化法国在奥斯曼帝国的特权。大革命后的几十年里法国局势动荡，无暇顾及近东事务，俄国支持的希腊东正教徒逐步取得支配地位。19世纪三四十年代，俄国沙皇尼古拉一世（1825—1855年在位）认为奥斯曼帝国的崩溃是迟早的事，加紧采取侵略行动。1848年欧洲革命后大批匈牙利和波兰革命者逃到了奥斯曼帝国境内避难，俄国政府要求引渡波兰革命者，奥斯曼苏丹在英国支持下拒绝引渡，俄国与奥斯曼政府断绝外交关系。此后不久，法国路易·波拿巴向奥斯曼政府施压，重提“圣地保护权”问题。1852年奥斯曼政府正式颁布敕令，承认奥斯曼政府与法国早年签订的条约有效，基督教圣地的管辖权归法国天主教徒。法国得到“圣地保护权”，俄皇尼古拉一世作出强烈的反应，“圣地保护权”问题迅速扩大化。

1853年2月中旬，俄国派陆军总司令缅希科夫（Menshikov）为特使，率团赴伊斯坦布尔，向奥斯曼政府正式交涉“圣地问题”。奥斯曼政府得到英国和法国支持，拒绝了俄国的无理要求。6月26日，沙皇尼古拉一世发表宣言，明确表示要占领多瑙河公国摩尔达维亚和瓦拉几亚。7月3日，哥尔查科夫公爵率领8万俄军度过普鲁特河，较短的时间内占领了摩尔达维亚和瓦拉几亚公国。俄国已进行军事侵略，英国却准备退让。

英国、法国、奥地利、普鲁士等国的大使在维也纳举行会议，形成了一个“维也纳照会”。照会没有要求俄国撤出军队，却劝说奥斯曼政府不要诉诸武力。英、法等国起初鼓励和支持奥斯曼苏丹反抗沙皇，是害怕俄国过度扩张威胁到自己的利益，此时则担心战争会引起普遍革命，因而又要苏丹让步。但奥斯曼政府准备进行军事反击。10 月 1 日，奥斯曼政府交给四大国一份公告，“警告”俄军统帅 10 月 24 日之前必须撤军。其实在公告发布前俄国与奥斯曼帝国军队在多瑙河展开厮杀，战争已经爆发。

在大大小小的战役中，奥斯曼军队也取得了一些胜利，几次击败俄军，但整体上处于劣势，在多瑙河战场没有占据主动。俄军积极备战，并在黑海寻找战机。在 10 月 30 日，俄军和奥斯曼海军发生了一场海战，这就是俄国人夸大其词的锡诺普海战。

锡诺普港口在黑海南岸，距离君士坦丁堡大约 547 千米。俄国海军以优势兵力速战速决，很快占领了锡诺普港，奥斯曼士兵伤亡和被俘数千人。其实锡诺普发生的战斗只是一批运送士兵和弹药、物资的奥斯曼土耳其运输船和护卫舰遇到突然袭击，并不是大规模海战，俄国人则大肆渲染，说俄国舰队在锡诺普附近击毁了奥斯曼土耳其舰队。“奥斯曼军队在锡诺普大败”的消息让英法两国的官员们震惊，他们担心俄军下一步会进入博斯普鲁斯海峡，占领伊斯坦布尔，于是立即派兵“保卫土耳其”。

1854 年 2 月 27 日英、法向俄国发出最后通牒，要求俄国撤离瓦拉几亚和摩尔达维亚。沙皇置之不理。3月27日和28日,法国和英国先后向俄国宣战。英法军队进入战场,多瑙河前线的奥斯曼军队士气大振。6月3日,奥地利与英法结盟,向俄发出通牒,正式要求俄国立即撤出摩尔达维亚和瓦拉几亚公国。俄军虽全力抵抗,但无力扭转战局,主帅哥尔查科夫在战斗中负伤,俄军士气低落,不得不向北方撤退。至7月底,俄国军队完全撤出了多瑙河公国。

俄国撤军后,英、法、奥地利于8月8日提出停战方案。方案大致内容是:欧洲大国共同保护多瑙河各省;多瑙河自由通航;取消俄国在黑海的优势;俄国放弃单独保护奥斯曼帝国境内的东正教徒的要求。尼古拉一世不愿意接受这个方案。

此时,多瑙河两公国已由奥地利军队占领,俄国军队已撤到克里米亚半岛的塞瓦斯托波尔。英、法等国的联军却不放过俄国军队,一直追到克里米亚。对奥斯曼帝国而言,英、法等国"帮助"自己打击俄国,真是求之不得。

从1854年9月联军先头部队在克兹勒夫登陆,到1856年2月停战,克里米亚战场的厮杀进行了一年半,其中,在阿尔玛河、巴拉克拉瓦、因克尔芒、塞瓦斯托波尔等地的战斗非常激烈。尤其是,围困和多次强攻塞瓦斯托波尔,双方伤亡惨重。英国和法国的报纸不断有惊人的消息:"克里米亚血战","攻克塞瓦斯托波尔","俄国舰队大部分被歼灭"。

1855年春,撒丁王国对俄宣战,并派1.5万人到克里米亚,联军再攻势更猛。1855年3月2日沙皇尼古拉一世服毒自杀,新沙皇亚历山大二世(1855—1881年在位)希望尽快结束战争，于是双方重启谈判。但俄国对英、法等国提出的方案不能接受，谈判陷入僵局。6 月 4 日谈判终止，联军继续发动进攻。6 月 8 日和 9 月 5 日，联军两次全力围攻塞瓦斯托波尔，炮弹如雨点般倾泻，俄军的工事大部分被摧毁。俄军伤亡惨重，主帅纳基莫夫负重伤身亡。9 月 10 日，联军攻占了围困 11 个月之久的塞瓦斯托波尔。其后，俄军在克里米亚半岛的战线全面崩溃。俄国军队虽在高加索等战场取得了一些胜利，但已不能扭转败局。在这场战争中，双方总伤亡人数在 50 万人以上（一说 80 万人）。士兵除了阵亡，还由于饥饿、营养不良、卫生和医疗条件差而导致病亡。1856 年 3 月 30 日，奥斯曼帝国、英国、法国、奥地利、普鲁士、撒丁王国与战败国俄国在巴黎签订《巴黎条约》，正式结束克里米亚战争。

俄国作为战争的挑起者，遭到惨败算是咎由自取。问题在于，本来一场发生在奥斯曼帝国和俄国之间的有限战争，英、法、奥地利等国为了各自的利益而参与其中，人为地制造了一场大的灾难。无论从哪个角度看，克里米亚几座城市所经历的浩劫，纯属“飞来横祸”，意外遭灾。谁为克里米亚的灾难承担过责任？

克里米亚战争对 19 世纪世界格局的影响，国际关系史中已有公论，兹不赘述。俄国在克里米亚战争中暴露出制度腐朽，促使俄国几年后进行农奴制改革，世界通史中早有评论。被忽视的是克里米亚战争对奥斯曼帝国的影响。其实克里米亚战争的胜利对奥斯曼帝国非常重要。其一，通过这次战争迫使俄国放弃了自叶卡捷琳娜以来南下吞并奥斯曼帝国的野心，奥斯曼帝国的"主权独立和领土完整"得到维护。其二，迫使俄国放弃以前签订的不平等条约，包括取消了俄国在奥斯曼帝国获取的保护东正教徒的特权。其三，根据条约，俄国放弃对卡尔斯、多瑙河三角洲、比萨拉比亚的控制权，同意拆除在黑海沿岸建立的军事堡垒，黑海重归奥斯曼帝国控制（克里米亚仍为俄国所占据）。其四，欧洲大国承认瓦拉几亚和摩尔达维亚仍是奥斯曼帝国的属地。克里米亚战争的胜利，也为奥斯曼帝国赢得一个推行改革的有利环境。不过，克里米亚战争期间奥斯曼政府为了军费开支两次向欧洲举借外债，后来为偿还旧债而举借新债，债务成为帝国的负担。

克里米亚战争期间，远在西欧的马克思和恩格斯撰写了100余篇文章，及时报道战争进展。《马克思恩格斯全集》第9卷收录关于土耳其和克里米亚战争的文章25篇，第10卷收录65篇，第11卷收录30篇。这些专题文章或政论有长有短，大多数发表于《纽约每日论坛报》，有几篇发表于《南非人报》《新奥得报》。这些文章分析奥斯曼帝国的政治和军事状况，揭示英国、法国、奥地利、普鲁士等国的外交官对待俄国和奥斯曼帝国的复杂心态，戳穿他们外交言辞下隐藏的险恶用意，是研究克里米亚战争史的珍贵资料。

政治家潜质的帝国军人

——乔治·高里奇对凯末尔的新见解

土耳其共和国缔造者穆斯塔法·凯末尔·阿塔图尔克(Mustafa Kemal Atatürk, 1881—1938)的传记多不胜数,仅仅书名为《阿塔图尔克》或《阿塔图尔克:土耳其共和国缔造者》的传记作品,普通书店里随处能找到。至于凯末尔的政策、凯末尔的思想、凯末尔的外交、凯末尔的贡献、凯末尔的日常生活,方方面面都有大量著作,因为在现代土耳其人心目中没有哪位历史人物能与凯末尔相提并论。饶有趣味的是,西方学者也撰写了不少凯末尔传记,不乏颇有深度的研究凯末尔的著作。按常理,如今再研究凯末尔这样的伟人,已经很难出新意。出乎意料的是,美国学者乔治·高里奇(George W. Gawrych)出版的一本凯末尔传还是挖掘出了新的东西。

乔治·高里奇是美国贝勒大学(Baylor University)的历史学教授,曾在美国军事院校任教近20年,其著作以奥斯曼帝国统治下的巴尔干和现代中东战争为主要题材,也研究凯末尔的军事战略。2013年出版的专著《青年阿塔图尔克：从奥斯曼军人到土耳其政治家》[1]，仍是从他擅长的军事角度落笔。研究对象是14岁到41岁（1895—1922年）的凯末尔，即从凯末尔1895年离开家乡萨洛尼卡进入马纳斯特高级军事学校，到1922年指挥土耳其军队取得民族抵抗运动的胜利。

凯末尔·阿塔图尔克一生的丰功伟绩是脉络清楚的，后人对这位伟人的"盖棺论定"也没有多少争议："凯末尔是一位杰出的政治家、军事家，成功领导了土耳其的民族解放运动，创建了土耳其共和国，奠定了土耳其现代化基础。"多数传记作者和研究者着眼于凯末尔的丰功伟绩、凯末尔思想，以及凯末尔的人格魅力，有关"青年凯末尔·阿塔图尔克"的传记作品，主要着眼于凯末尔的军事才能和英勇战绩。

同样是研究青年凯末尔·阿塔图尔克，乔治·高里奇的研究没有停留在"凯末尔军功"的层面，着力点不是凯末尔的军事才能本身，而是"凯末尔接受的教育以及凯末尔的军事生涯对于造就一位卓越政治家的真正意义"。乔治·高里奇的研究，旨在探究三个逐步深入的问题：第一，军人凯末尔是如何在军事生涯中把自己打造成一位政治家的？第二，在成长为政治家的过程中，外部环境（机遇）、凯末尔的选择（目标）、个人的奋斗（努力程度）哪个更重要？第三，凯末尔有怎样的人生观和世界观？他的人生观和世界观是如何形成的？

当然，从《青年阿塔图尔克：从奥斯曼军人到土耳其政治

---

① George W.Gawrych, *The Young Atatürk: from Ottoman Soldier to Statesman of Turkey*, I.B.Tauris & Co Ltd., London, New York, 2013.

家》一书的目录上看不出作者的意图。作为一本“人物评传”，乔治·高里奇按照时间顺序选取几个镜头，把凯末尔1881—1922年的活动串联起来：一、一位奥斯曼军人的成才；二、世界大战与帝国的和平；三、民族抵抗运动；四、大国民议会；五、战役中的一场危机；六、军事总指挥；七、从大决战到最后和平。与其他的人物传记一样，全书的结构显示，作者要轻松自如地勾画一位军人的轮廓。实际上，乔治·高里奇教授经过了深入研究，把自己要探究的三个层次的问题弄明白之后，仍以适合读者口味的笔调，从14岁凯末尔进入军校写起，不紧不慢地写到1922年年底他取得军事胜利停笔。不过，每一章后面都有一个“小结”，全书最后有一个总的结论，作者阐述并反复强调了自己的观点。

乔治·高里奇教授在这本书中的独特观点，可以概括为以下几点：

其一，青年凯末尔·阿塔图尔克的身份是军人，但他关注的目标不仅限于军事，因为他在军事学校当学生时掌握的知识超出军事知识。

凯末尔先后在地方军事学校和首都军事学院接受正规教育，掌握了军事知识、军事技能。但除了课本上的知识，凯末尔广泛阅读诗歌、历史、心理学、哲学作品。凯末尔是勤奋的读者，他在学生时代就钻研课堂之外的知识，分析已有的战例，学识范围远远超出军事科目。也就是说，“凯末尔从不同学科的知识中汲取营养，宽泛兴趣和好学精神为其从军人向政治家转变提供了条件"[1]。

其二,凯末尔·阿塔图尔克从教官那里接受军事技能的同时,也接受了民族主义思想,吸收了政治观念;凯末尔从军事实践中得到更多的是政治经验。

凯末尔受德国教官戈尔茨(Colmar von der Goltz)的影响大。戈尔茨在伊斯坦布尔任军事教官前后13年(1883—1896年),第一次世界大战期间又回到奥斯曼帝国,在伊拉克战场亲自指挥军队,死后葬于伊斯坦布尔。戈尔茨教育并培训了包括凯末尔在内的好几批奥斯曼年轻军官,这些军人成为土耳其民族革命的骨干力量[2]。戈尔茨强调每个公民都有服兵役的义务,把国家变成武装起来的国家,发挥军事在国家政权中的作用。凯末尔接受了戈尔茨民族主义、军事强国思想,并结合奥斯曼帝国的实际情况,逐步形成自己的见解:军队独立于政府,但政治事务高于军事事务[3]。

凯末尔的早期军事实践主要是在叙利亚服役和在利比亚打仗。他不仅获得了带兵打仗的经验,更重要的是产生了关于国家出路、关于军队作用的思考和认识。凯末尔发现,军事活动的目标是取得胜利,但取胜离不开政治动员和外交工作。在后来自己指挥的战争中,凯末尔重视"军人外交",成功地运用了外交优势。作为政治家,凯末尔根据战场上的紧急程度,调整他的政

---

① George W.Gawrych, *The Young Atatürk: from Ottoman Soldier to Statesman of Turkey*, p223.

② George W.Gawrych, *The Young Atatürk*, p9.

③ George W.Gawrych, *The Young Atatürk*, p127.

治、军事、外交的顺序，这是其过人之处。“凯末尔有大视野，即超出普通军官的眼界，他能面向未来，勇于应对挑战。”①

其三，青年凯末尔·阿塔图尔克有意识地养成自己做领导者的品格，从细节处提炼自己，不失时机地塑造“领导者”形象。

按照乔治·高里奇教授的说法，凯末尔很会“经营”自己的领导形象，他并不是“意外地”成为领导者，而是早有成为领导者的追求。他从军事学院毕业，就开始了“有明确追求”的人生。乔治·高里奇使用的词是“purpose-driven life”，即“具有目的导向的人生”（见本书的导论）。凯末尔早年的笔记、文章透露出，凯末尔不想成为一个书呆子。在凯末尔看来，理论和实践对于发展他当领导的“技能”非常重要。凯末尔非常欣赏美国的政治家本杰明·富兰克林，他把富兰克林的品格作了概括，奉为约束和激励自己的行为准则。在后来的人生道路上，他是朝着这个目标奋斗的。到 1921 年 10 月时战争相持阶段，凯末尔就接受媒体采访，让外界了解他的生活内容、个人作风等，凯末尔作为军人政治家、领导、国际人物的形象，从那时就展现在世界面前，而不是在当总统并推行改革之后。

其四，凯末尔·阿塔图尔克有自己的一套人生哲学，他的人生观和世界观是军校读书时形成并在军事实践中丰富和发展的，不过，其目标和内容不是成就优秀军事家，而是开创大事业。

凯末尔喜欢心理学和哲学，他曾认真地探究“感性、激情、理性、逻辑”等因素的含义，以及它们之间的相互关系，最后得

---

① George W.Gawrych, *The Young Atatürk*, p225.

出的结论是："赢得民心和创造历史需要理性、逻辑或审慎，更需要感性、情感或激情。"（本书中作者多次提到凯末尔的这句话，两处"题记"和正文中的表达稍有不同。）在凯末尔看来，战场上对军人心理、情感的考验远比对身体、知识等因素的考验更要紧；纪律、集体荣誉、爱国情操等，都直接涉及军人的心理因素。因此，凯末尔平时注重用自己的言论和行动教育士兵。当然，凯末尔在自己率领的军队中进行改革实践，更注重灌输现代军人观念，发挥现代军人对于国家的作用。早在军校读书时，他与其他同学之间的讨论，内容就涉及帝国的弊政、民族的出路等（一般认为这些讨论"播下了凯末尔革命的种子"），而不是讨论如何成为军事统帅。

凯末尔通过研究"人性"，也掌握了"心理战术"在政治工作中的奇效。比如他会降低姿态，做良好的"倾听者"，听取各方面的意见，获取各方面的信息，以平和巧妙的方式，说服反对者，赢得多数人的信任。凯末尔认为，政策、外交、战略、军事行动、战术等方面是相互作用的，所以他能成功地把学识和理论运用于实践，在适当的时机，作出适当的判断。在战场上打败敌人固然重要，但在危机时刻如何摆脱协约国控制，如何动员民众，寻求民族独立，凯末尔要做的政治工作大于军事工作，这就需要政治敏锐，而不仅仅是靠战术精湛①。

其五，在机遇、客观条件、个人努力等三个因素中，起决定作用的是凯末尔·阿塔图尔克的人生选择和个人努力。

---

① George W.Gawrych, *The Young Atatürk*, p35.

是什么造就凯末尔在独立战争中成为军事领导更是政治领袖的呢？本书作者认为：是雄心（或野心）驱使凯末尔作出选择并努力奋斗①。没有个人野心，再好的机会也可能会错过。在学生时代，凯末尔就准备成为一名领导。换句话说，凯末尔的目标是政治家，最后既成为军事统帅又成为政治领导。作者分析原因时指出，没有历史机遇也不可能造就凯末尔，但必须看到，凯末尔面对的是非常艰难的环境。在帝国崩溃、领土被占的形势下，不是谁想当英雄就能成为挽救土耳其的英雄人物的。放在一些具体事件中来看，出现民族危亡局面，使凯末尔有了施展才华的机会；安纳托利亚"大国民议会"的召开，才给予"抵抗运动"合法地位，也给予凯末尔本人合法领导权；民族战争中出现"安卡拉危机"，又给了凯末尔当全军统帅的机会。问题是，凯末尔有准备且有能力抓住机遇，并出色地赢得军事和政治双重胜利。凯末尔·阿塔图尔克能站得高、看得远，在危急关头掌舵，在十字路口作决断。

有一句名言说：普通人在等待机会，而卓越的人会创造机会。凯末尔在不断创造机会，比如，在凯末尔的努力下召开了大国民议会，建立了安卡拉临时政府；而大国民议会赋予的权力，再加上掌握军队，使凯末尔开始发挥国家领导人的作用。独立战争持续了 3 年，其间有数次大大小小的战役，有胜有负，其中 1921 年 7—8 月希腊军队逼近安卡拉，但凯末尔为了取得反击希腊军队的胜利，准备了整整一年时间，不仅是军事

① George W.Gawrych, *The Young Atatürk*, p222.

部署、部队训练、物资补给,更重要的是外交、政治宣传、内部管理等工作[①]。凯末尔不断地平衡政治、军事、外交三方面的关系,并不断调整政府、军队、人民之间的关系,否则,建立新国家的计划无从谈起[②]。当然,凯末尔走到安纳托利亚政治舞台的中心,也与一批土耳其精英人物如劳夫(Rauf)、卡拉贝克(Karabekir)、阿里·福阿德(Ali Fuad)、伊诺努(Inonu)等的协助分不开[③]。

总体来看,本书写的是军人凯末尔从进军事学校到战争获胜,但作者的重点不是探究凯末尔的军事韬略、指挥才能、制胜的技术,而是探究凯末尔的政治才能根植于何处,政治家眼光形成于何时,政治家作用在哪些方面发挥出来。

从历史研究的角度看,作者乔治·高里奇并不依赖什么珍稀文献,而是使用公开的档案材料,主要是凯末尔自己的文章和著作、私人笔记、官方报告、大量的往来书信、命令、讲话稿等。通过这些基本资料,作者想弄清楚凯末尔的所思所想,然后根据凯末尔的思想观念,来分析凯末尔是如何从军人升华到政治家的。要说本书有新颖之处,那就是侧重心理因素分析,作者的理由是,他发现凯末尔的文稿中多次提到感性、理性、激情等术语,并对心理学有研究,所以自己研究凯末尔也从这里入手。

值得注意的是,乔治·高里奇教授在这本人物评传中也

---

① George W.Gawrych, *The Young Atatürk*, p154.

② George W.Gawrych, *The Young Atatürk*, p127.

③ George W.Gawrych, *The Young Atatürk*, p100.

提出了一些研究土耳其共和国史的人所容易忽视的问题。比如,1921 年的《基本组织法》中宣布建立主权独立的民族国家,没有提及“苏丹”,也没有提及“哈里发”,这是很巧妙的“省略”,这是为共和国的世俗化道路作了铺垫,是大手笔。又如,由于凯末尔强调政治事务高于军事事务,所以能从大处着眼。当土耳其军队于 1922 年 9 月乘胜追击希腊军队到海峡地区时,驻守海峡的英国军队感到紧张。土耳其军队本来可以顺势驱逐英国驻军,但凯末尔说服其他将领,对英国采取政治攻势,争取促使英国同意协商解决问题①。后来的事实证明,凯末尔的做法是富有远见的。此外,1922 年 10 月刚收复布尔萨不久,凯末尔就发表讲话,指出开展教育工作的重要性,启动教育委员会的工作,他说,有的地方需要“武器”,有的地方需要“智力”。而且,凯末尔把萨卡亚战役(被称为转折点的大战役)的胜利转化为具体的政治、外交收获,比如外交上不失时机地以让步态度与法国达成协议,争取了主动。作者乔治·高里奇还提出:独立战争最后的胜利,是由安卡拉政府、土耳其军队、安纳托利亚人民共同协力的合奏交响曲②。如果从更广泛的意义上而不仅仅是从军事史上理解,土耳其独立战争的结束不应以打败希腊军队为标志,而应以《洛桑条约》的签订和共和国的建立为标志③。这些看法很有见地,应得到重视。

---

① George W.Gawrych, *The Young Atatürk*, p207.

② George W.Gawrych, *The Young Atatürk*, p222.

③ George W.Gawrych, *The Young Atatürk*, p217.

第三辑　百年一瞬

一百年的辉煌与创痛

人类刚走过的100年(1914—2013年)极不寻常。

100年前的这个季节(1913年冬),普通民众并没有预感到要发生什么大事,而坐在慕尼黑的居室里撰写《西方的没落》的斯宾格勒早已感觉到,欧洲将面临着一场大规模的战争。第二年斯宾格勒著作初稿完成时,世界大战爆发。

在世界历史上,从1914年到2013年是一个特殊的时段。此前没有世界大战,没有导弹、原子弹,没有航空母舰,没有高科技的电子战。此前没有雷达,没有三级电子管,没有摄像技术,没有电子计算机。此前没有使用高分子合成材料,更没有复合材料。此前人类不能发射运载火箭,不能研制人造卫星……而1914年之后的100年里,世界发生了翻天覆地的变化。科技改变了人类的生活,人类掠夺和消耗着地球上的各种资源;追求自由的人们陷入各种人为的枷锁,追求幸福的人们在制造着新的不幸;用暴力推翻暴政,用武力推广普世价值,以正义之名发动战争,人们手里拿着武器,口里喊着和平;

政治精英尝试过新的制度,野心家满足过私欲也受到惩罚;普通民众体验过被鼓动的兴奋,也经受了无数次难言的恐惧。

一、科技发展之快让人眼花缭乱。科技改变了人的生活,也创造了不少奇迹

普通的科技发明已经多得数不过来。就最“尖端”的来说:随着免疫学的发展,抗生素的使用有效控制了各种传染病,使多少奄奄一息的病人,在注入一丁点儿药水后神奇地复活;器官移植技术的应用,使多少人“起死回生”;X 射线技术、核磁共振技术、超声技术的应用,使无数濒临死亡的人从鬼门关又回到亲人的身边;随着遗传学的发展,试管里可以基因组合,而 DNA 重组技术、克隆技术的发明,表明“造人”已经不是神话。

这 100 年也实现了古人上天的幻想。从小飞机、侦察机,到大型运输机,飞机的性能越来越好,运输量越来越大,人们乘坐飞机可以自如地在云端穿梭。自 20 世纪 60 年代完成运载火箭试飞和航天器回收,载人航天飞机多次把宇航员送入太空。继加加林之后,又有不少宇航员登上月球、进入广寒宫。星空中增加了人造的侦察卫星、通信卫星、气象卫星,还有地球资源考察卫星。

当人们还在谈论收音机、录音机的神奇时,电视机、摄像机问世了。在人们为晶体管计算机的问世惊诧不已时,微处理器开始研制。当人们感受新发明带来的快捷时,这项新发明已经过时。计算机的发明和迅速普及,尤其计算机网络技术的产生和软件的开发,把人类带入一个新时代。

人们居住条件、交通运输条件的改善，得益于材料科学的发展。有了金属材料、高分子合成材料、无机非金属材料以及复合材料，世界面貌变化之大，几乎是“换了人间”。化石能源的开发，电能的开发，新能源尤其是核能的利用，使人类几乎相信自己能够“战胜”自然。人工智能、轨道空间站技术、信息技术，不知道还要把人类带到一个怎样的境界。

二、科技为军事添上翅膀，催生大规模、高烈度的战争

这 100 年里，发生过两次世界大战。第一次世界大战持续 4 年，军人死亡 900 万，受伤人数 2 000 万，其中 350 万人成为终身残废；战争期间饿死和染瘟疫而死的共 1 000 万人。直接经济损失 1 805 亿美元，间接经济损失 1 516 亿美元。第二次世界大战共造成 6 000 万人死亡，物资损失 4 万亿美元，房屋、桥梁、道路等基础设施大面积破坏，受伤、致残、饥荒等原因导致的死亡人员不计其数。

就在战后的“世界和平时期”，还发生了四次中东战争（1948 年、1956 年、1967 年、1973 年）、朝鲜战争（1950—1953 年）、两伊战争（1980—1988 年）、黎巴嫩战争（1982 年）、海湾战争（1991 年）、科索沃战争（1999 年）、阿富汗战争（2001—2002 年）、伊拉克战争（2003 年）和利比亚战争（2011 年）。而各种小规模的内战、动乱、政变和革命运动，100 年里连绵不断，此起彼伏。

四次中东战争导致交战双方的伤亡接近 6 万人，造成 200 万难民流离失所；两伊战争中伊拉克和伊朗两国共伤亡 100

多万人，造成难民 300 万人，经济损失约 9 000 亿美元；黎巴嫩战争造成 20 多万人死伤；海湾战争造成伊拉克 10 万人死伤，7 万余人无家可归，伊拉克本国直接经济损失近 2 000 亿美元，其他阿拉伯国家经济损失 6 200 亿美元，战后的长期制裁使伊拉克 120 万居民因得不到救治而死亡。其他大大小小的冲突和战争造成的人员死伤无法统计。在号称“和平、繁荣”的年代，例如 1990—1999 年，撒哈拉以南非洲各国因各种冲突而伤亡 150 万人以上，阿拉伯国家因各种冲突伤亡人数超过 50 万。

三、自然灾害频繁，人为破坏严重，生存环境急剧恶化

发达的科学技术对地震和海啸尚无完备的应对措施。在这 100 年里，8.0 级以上的地震就有 10 余次。中国宁夏海原地震（1920 年）、中国西藏察隅地震（1950 年）、智利地震（1960 年）、印尼苏门答腊地震（2004—2005 年）超过 8.5 级，而 2010 年的智利地震达 8.8 级，2004 年的印尼苏门答腊大地震超过 9 级并引发海啸。从造成的严重生命财产损失看，1920 年宁夏海原地震中死亡 24 万人；1970 年秘鲁钦博特大地震中有 6 万多人死亡，10 多万人受伤，100 万人无家可归；1976 年河北唐山发生 7.8 级地震，造成 24.3 万人死亡；1990 年伊朗西北部 7.7 级地震，造成 4 万人死亡，10 万人受伤；2004 年印尼苏门答腊地震，造成印尼和邻近国家 22 万人死亡或失踪；2010 年海地 7.3 级地震，遇难者超过 20 万人。

就在这 100 年里，森林砍伐、耕地减少、土壤沙漠化，河流

干涸、断流，淡水减少，资源的掠夺与破坏，是一串串触目惊心的数字。以中国为例，专家告诉我们，成材树木现在已基本砍光，植树造林成就有限，后继乏林。同时，半个多世纪以来损失了近20亿亩安身立命的耕地。全球范围内，科罗拉多河、印度河、提斯塔河、锡尔河、墨累河、里奥格兰德河等由于过度使用即将枯竭；湄公河、萨尔温江、长江、恒河、多瑙河、拉普拉塔河、尼罗河面临严重干涸的威胁。河流水量的减少，使人类面临严重的淡水危机。仅中国一个国家，过去的50年消失湖泊有1 000多个，平均每年有20个湖泊干涸。全国532条主要河流中，有80%的河流受到不同程度的污染。有一句广告词是："人类看到的最后一滴水，将是自己的眼泪！"假如人类的破坏力不减弱，这句广告词恐怕就是谶语。

四、难能可贵的是政治制度试验，但实验本身也变成折腾和损耗

1917年俄历10月发生革命，建立世界历史上第一个社会主义国家。第二次世界大战后东欧建立八个社会主义国家（匈牙利、南斯拉夫、阿尔巴尼亚、保加利亚、波兰、罗马尼亚、捷克斯洛伐克、德意志民主共和国），东亚、东南亚和美洲建立六个社会主义国家（中华人民共和国、朝鲜、蒙古、老挝、越南、古巴）。但是，革命和推翻旧政权的过程是战争和流血，制度实验过程中有暴力执法。西亚和非洲国家中出现动乱和屠杀，有的是政策失误导致的严重饥荒。

资本主义制度一度危机但垂而不死，通过内部调整和制

度修复，一些欧美国家出现繁荣。福利制度、社会保障体系的建立，化解了社会矛盾。人类也尝试建立国际性政府组织和非政府组织。联合国为维护世界和平发挥了一定作用，世界银行、国际货币基金组织、世界贸易组织、石油输出国组织等为解决全球化过程中的新课题，进行了有效、有益的探索和实践。问题是，资本主义文明并没有彻底消除经济危机。墨索里尼、希特勒能够从平民迅速变成受国人拥戴的领袖，就是利用了经济危机带来的普遍困境。如果经济危机是痼疾，人类就难保不受独裁、屠戮的威胁。

一个基本判断：高度文明伴随着难以愈合的创痛

回顾最近 100 年的经济大繁荣、大危机，高科技用于战争，资源和环境严重破坏，使人们对文明的前景产生担忧，对所谓的“现代文明”产生怀疑。在这个高度文明的时代，人类面对矛盾和冲突时，如果只能动用军队，使用武器来解决，这和野蛮时代有何本质的差别？人类科技对于自然灾害一筹莫展，社会制度对于人为的资源掠夺无法约束，人类的进步体现在何处？

在世界历史上，总是不断出现一些国家相对发达而另一些国家相对落后的不平衡状态。比如古代希腊、印度和中国的文明程度相对高于另一些地区，而近代以来西欧和美国取得优势地位，亚非拉相对落后。问题是，古代文明程度相对高的国家都产生了倡导人类友爱的思想家和宗教家，没有产生先进武器制造商。近代以来，有了资本主义文明，但凡在世界舞台上占优势的国家，都是军事实力最强的国家，有“大打出手”的本领。

所谓“文明”，无非是讲理，协商，共建秩序。古代中世纪虽然也有战争，但烈度不大。自从资本主义文明产生，殖民掠夺，残酷杀戮，军备竞赛，世界大战，全天候的高技术战争，一步步升级，迷信先进武器的威力，把世界推向混乱和无序。

以过去的100年推断未来的100年

以1914—2013年这100年的历史为依据，我们对未来的可能性作一个大胆假设。人类的走向无非有两种可能：一种可能是，资本主义大国依靠经济实力和先进武器，长期维护一种“武装的和平”，通过各种方式，使全球的政治、经济、文化达到“资本主义化”；另一种可能是，资本主义大国的目标不能实现，全球出现多样化的政治制度、多样化的经济模式和文化形态。

第一种走向，就是全世界归资本主义大国控制。其实，1914年前全世界就被几个资本主义大国所支配着。结果如何呢？大国很快就打起来了，并把全世界拖入世界大战的漩涡。如今有核威慑，世界大战的可能性不大，但全世界各个国家都大量消耗资源，对环境的破坏会达到极致，等于人类自我毁灭。而且，当全球各国都是资本主义制度时，每次经济危机都会是全球的危机。

第二种走向，全世界出现多元化的政治体制和经济体制，各自奉行独立自主政策，但又乐于平等交往，互利互惠。资本主义国家因为考虑成本，不再通过武力达到自己的目的。这时世界会逐渐和平。人类运用自己的智慧,使用替代能源,不再破坏环境,地球上到处是挺拔的树、青绿的草、明澈的河,风景优美如画。如果将来是这样,我们的后代子孙可以安享太平,他们回头研究 1914—2013 年的这段历史,也许会命名为“新战国时代”或者“大破坏时代”,以示纪念。

（写于 2013 年年底）

西亚北非变局的根源

2011年3月“北约”军队开始空袭利比亚，几个月后，利比亚的卡扎菲政权倾覆。这一年的政治变局(包括突尼斯政变、埃及政权更迭)，使人想到距今100年的北非危机。1911年的前半年发生了“第二次摩洛哥危机”，后半年发生了意大利入侵的黎波里塔尼亚和昔兰尼加的“意土战争”。当时，意大利先发制人，迅速占领的黎波里、胡姆斯、班加西、德尔纳等城市，并于1911年11月5日宣布，的黎波里塔尼亚和昔兰尼加处于意大利“完全与绝对的统治之下”，恢复“利比亚”的名称。从1911年到2011年，从意大利占领利比亚，到卡扎菲政权垮台，刚好100年。

突尼斯、埃及、利比亚在2011年的政权更迭之后，局势长期未稳，而叙利亚的内乱持续时间更长。国内研究这一系列政权危机的文章，几乎是“车载斗量”，其中不少文章都是“多维度分析”“多视角解读”。抛开那些由于研究对象和题材相同而出现的重复，言之有物、结论凿凿的好文章中，有的学者针对利比亚或叙利亚一国的情况就能列出八九条以上的原因，结论是“多因素造成政治动荡”。

学者们多视角揭示出的“动荡的原因（或根源）”，可以归纳为四大类：第一，经济问题长期存在（如经济增长缓慢、产业结构不合理、贫富分化严重、失业率高、经济全球化带来冲击）；第二，政治民主化进程迟缓（强人政治或威权政治、权力集中、政权家族化趋势、政治腐败）；第三，外部因素（西方国家打压；西方长期鼓吹民主自由，资助反对派；阿拉伯国家外交缺乏主动性）；第四，民众价值观混乱（对西方认识的转变、受其他阿拉伯国家政变的影响、借助于网络表达不满）。这四大类“原因”，可以解释利比亚、埃及或叙利亚单个国家的变局，反映出的问题也是几年来发生政治危机的多个国家的“通病”。

一般而言，越是复杂的问题，越是需要多角度深层次的研究。多角度的解释、多方面的分析，确实让读者了解到这场政治变局的复杂性，可是，几个原因都存在、都很重要，到底能说明什么呢？比如利比亚内战的起因，社会两极分化、部族利益难以平衡、卡扎菲长期独裁、民众的价值观混乱，没有一个是“次要因素”。如果算上外部因素，如西方国家有意推翻卡扎菲政权、卡扎菲树敌太多、突尼斯和埃及的示范效应等，缺了哪一个，似乎都不足以导致内战。叙利亚局势恶化，教派矛盾、民族矛盾、家族矛盾、失业问题、威权政治的弊端等，似乎都是动荡的祸根。要从这些因素中找出主要的、根本的因素，还真不容易。分析到这一层面，似乎还没有给出令人信服的答案，导致阿拉伯世界政治动荡的诸多原因中，有没有最根本的一个原因或一种原因?

根据笔者研究世界历史的一点经验,对于某些盘根错节的复杂问题,顺着单一的视角进行分析,反而容易得出结论。比如西亚北非持续近三年的政权危机的原因,从单一的政治层面分析,感觉思路更为清晰。

理由很简单:对一个国家的当政者而言,再小的问题也是政治问题。国家的职能是管理众人,印制一张居民身份证,修建一条乡间公路,铸造一枚硬币,建一所小学,都可以算作政治事务。至于如何与外国人打交道(外交)、倡导什么样的精神(文化)、如何维护社会秩序(法制)、怎样提高办事效率(行政),没有一样不是政治事务。相反,天大的事情落到个人头上,就面临如何作出选择的问题。选择,首先要考虑饭碗和安全。老百姓考虑问题的立场,不可能与当政者一样。

说到底,人类社会的根本问题,一是个人如何趋利避害,以较少的努力得到较多的利益;二是统治者如何得到民众支持,以最小的代价掌控最大的权力。那些社会稳定的国家,往往是当政者的追求与民众的个人追求找到了一个契合点,当政者掌控最大权力时,并不影响个人获得较多利益,因而不会激化社会矛盾。那些政治动荡的国家,当政者谋求最大权力时必然影响民众个人的生存和发展,因而导致社会秩序紊乱。

从西亚北非国家的情况看,利比亚和沙特阿拉伯有相似性,都是石油输出国,都有部族社会结构,但利比亚出现严重内战,而沙特没有。叙利亚和约旦有相似性,都是脱胎于“委任统治”,都是农牧业经济,都不出产石油,但叙利亚持续内乱,而约旦大体保持稳定。2011年1月以来出现政治波动的国家,按照烈度大小排列:第一类是利比亚、埃及、突尼斯、叙利亚、也门,第二类是阿尔及利亚、摩洛哥、伊拉克、阿曼、巴林。前一类局面不可控制,利比亚、埃及、突尼斯政权更迭,叙利亚内乱延续。后一类只能算政治波动,并且很快控制了局面。沙特阿拉伯则几乎没有出现大的政治波动。

仔细对比这些西亚北非国家发生的情况,就可以发现一个事实:政治动荡与政体(君主制还是共和制)关系不大。出现动荡的埃及和叙利亚是共和制,利比亚政府号称"人民政权",突尼斯是君主制。约旦和沙特阿拉伯是典型的君主制,没有出现大动荡。

问题不在政体上,而在"统治方式"的差异。在利比亚、埃及、叙利亚,形式上是现代政体,统治方式是传统的;在约旦、沙特,形式上是传统的(君主制),但统治方式是现代的。

传统的统治方式,着眼于民众对当权者的服从,一切活动要满足当政者的私心,不把民众当作与当政者平等的人看待,所以不会在日常管理中想办法梳理和协调社会关系,要么简单粗暴地打压,要么推行"恩惠主义",或者是政治欺骗。本质上是"统治臣民",而不是"管理国家公民"。

现代的统治(或管理)方式,着眼于民众的个人权利和诉求,一切活动围绕着解决社会问题,建立良性的社会秩序,民众有私心,而当政者尽量"公心大于私心"。本质上是"管理民众",而不是"统治臣民"。

传统的统治方式,照样可以控制民众、动员民众,实行富民政策，但是，当政者不是树“威”，就是施“恩”，不会去沟通和协调社会关系，相反，有意构筑壁垒，把统治阶层和被统治阶层隔开。古代中国的文景之治、开元盛世、康乾盛世，前近代的西方开明专制，无非是做到了“恩威并施”，让老百姓害怕和顺从而已。现代的统治方式，就是当政者把民众当作与自己平等的人，才有可能服务于民，取信于民。

实际上，整个世界历史上主权国家的统治方式不外乎两种情况：一类是当政者致力于协调社会关系，结果是政治稳定，经济文化繁荣；另一类是当政者仅以满足私欲为目的，结果是长期动荡，迟早会失去政权（300 多年前的思想家孟德斯鸠、黄宗羲早有细致的分析）。西亚北非的伊斯兰国家中，推行第一种统治方式的国家少；推行第二种统治方式的国家较多，所以政治失稳的现象显得比世界上其他地区突出。

不管是君主制还是共和制，不管是联邦制还是单一民族国家，凡是把民众当作“臣民”的国家，即使是名义上为总统制、主席制、委员长制，都不能算是现代政治。凡是把民众当作国家公民，无论是名义上为君主制还是政教合一制，都可以算是现代政治。可见，建立什么样的国体和政体都不重要，重要的是，新政体是否努力去协调各类社会关系。美国的议会民主制、英国的君主立宪制，都把功夫花在了协调社会关系、化解社会矛盾方面。只要社会利益关系得到协调，民意得到表达，社会矛盾就少，社会财富的分配就趋于合理，社会就比较稳定，个人的自由和安全就有保证，国家的繁荣就有可能。

在西亚北非地区，沙特阿拉伯和约旦的当政者致力于协调社会利益关系,所以,政治稳定是其必然的结果。沙特阿拉伯宗教传统浓厚,又是君主制,在改造社会经济结构,促使游牧民定居,使农民和牧民融入城市等方面,做了许多细致的工作。在沙特的现代化过程中,传统的宗教信仰不但不是障碍,反而是优势;部落家族结构和浓厚的家族观念,没有妨碍这个国家的稳定,反而有利于这个国家的稳定。阅读关于沙特社会的书籍,常常让人感动:沙特阿拉伯各级官员在执行公务的过程中对普通下层人很尊重,腰缠万贯的那些大富翁仁爱而宽厚,穷人看病受到关爱和优待。约旦从建国到现在共 90 多年,只换了四任国王。这个国家建国时真的"一穷二白",国家缺少资源,民众缺少文化教育。约旦的稳定,靠的是当政者的智慧。其中有一点:当政者注重协调社会关系,及时化解社会矛盾,无论什么大政方针,都要考虑实际国情,量力而行。侯赛因和阿卜杜拉二世的施政过程中,都把普及和发展教育放在首位。阿卜杜拉二世为体察民情而微服私访,或深入牧区与族长沟通,难能可贵。而利比亚、埃及、叙利亚、突尼斯、也门,还有伊拉克,在协调社会关系方面,当政者的做法与沙特阿拉伯和约旦的领导人正好相反。

历史经验表明:一个社会,只要当政者认真协调社会关系,就能顺利地分配社会财富,及时化解社会矛盾。只要理顺了各种社会关系,考虑到不同群体的利益诉求,就能够保持社会稳定。相反,如果一个政权不能实现上述目标,政治的"实质性稳定"就难以得到。在社会关系不协调,社会矛盾尚未化解的前提下,无论是倡导社会公德,还是树立政府形象,都不能奏效；而且，无论多么迷人的政治宣言，都会变成空洞的说教（甚至是政治谎言），民众不再相信。

利比亚、突尼斯、埃及、叙利亚的问题，单从政治角度看，就是社会利益关系严重失调，原因是当政者披着现代政治的外衣，推行着传统的统治方式。

（写于 2014 年）

伊斯坦布尔的衰落

——细读帕慕克的忧伤回忆

位于亚洲和欧洲连接处的伊斯坦布尔，是名副其实的千年古都(作为首都将近1600年)。从公元330年起是罗马帝国的新都，接着是拜占庭帝国的首都，1453年被土耳其人攻占，成为奥斯曼帝国的首都，1922年失去首都地位。这座神奇的城市，名称从“拜占庭”到“君士坦丁堡”，再到“伊斯坦布尔”，至今仍是国际著名的大城市。伊斯坦布尔很吸引人，描写伊斯坦布尔的书多不胜数。我读过埃德温·皮尔斯的《在君士坦丁堡四十年》，对奥斯曼帝国首都19世纪的模样有初步的印象。奥尔罕·帕慕克的《伊斯坦布尔：一座城市的记忆》我读过几遍，并非因为帕慕克是诺贝尔文学奖得主。我自己多年研究奥斯曼帝国史，也去过伊斯坦布尔，亲眼见过这座历史文化古城，阅读帕慕克的书，有不少感悟。帕慕克生于伊斯坦布尔(1952年生)，长于伊斯坦布尔，但在他印象中，这座城市败落、衰朽、暗淡，不值得夸耀。

一

不管奥斯曼帝国鼎盛时期这座城市多么辉煌，在帕慕克生活的时代已经风光不再。帕慕克小时候不觉得自己住在国际大都会，而是住在某个贫穷的省城。走进伊斯坦布尔的后街，他看到的是狭窄的街道、混乱的集市、陈旧的建筑、贫困的下层居民。伊斯坦布尔的那些原木住宅、后街的简朴小屋，处于一种“断垣残壁的迷人状态”。

可能由于居住者的贫困，也可能是长期无人照管，或许是年代太久的缘故，外墙斑驳，房门油漆脱落，帕慕克甚至觉得是从未上漆，在尘土和潮气袭击下，变成一种特殊的颜色、独特的质地。偶尔在一些地方还能看到阁楼，但已无人打理；能看到形制独特的喷泉，但已不再喷水。远远近近的圆屋顶、平屋顶，宽窄高低不一的房子，仔细一看，有的门框、窗框已经变形。帕慕克写道：“那些老旧木造的僧侣道堂情况亦同，共和国禁止这些地方作为朝拜场所，如今多已废弃，除了街头流浪儿、鬼魂和古物收藏者之外没人会去。”①

帕慕克童年记忆中，伊斯坦布尔只有黑白两种颜色。他说：“观看黑白影像的城市，即透过晦暗的历史观看它：古色古香的外貌，对全世界来说不再重要。即使最伟大的奥斯曼建筑也带有某种简单的朴素，表明帝国终结的忧伤，痛苦地面对欧洲逐渐消失的目光，面对不治之症般必须忍受的老式穷苦。

① 奥尔罕·帕慕克著，何佩桦译：《伊斯坦布尔：一座城市的记忆》，上海人民出版社 2007 年版，第 33 页。

认命的态度滋养了伊斯坦布尔的内视灵魂。”①

帕慕克描绘伊斯坦布尔时,多次写到冬天的景观。和城市建筑的黑白两色一样,大街上的行人穿的服装也是单调、灰暗的,似乎每个人都喜欢穿那种“暗淡的茶色衣服”。根据历史书上的图片,帝国时代的伊斯坦布尔居民似乎常穿鲜艳的衣服,比如艳红的、翠绿的、鲜橘色的。不知为什么,到了 20 世纪中期,这个城里的人的穿着打扮没有色彩,没有个性,似乎是乐意与“黑白城市”保持协调。看起来,住在这座城里的人贫困、无助,并不觉得城里有多么美好。

帕慕克认为,奥斯曼帝国瓦解后伊斯坦布尔失去重要地位,几乎被世界遗忘了。他生活的时代(20 世纪中后期),是伊斯坦布尔有史以来最破败、最孤立、最萧条的阶段。伊斯坦布尔为什败落?帕慕克的看法是:第一次世界大战后西欧科技突飞猛进,而伊斯坦布尔丧失国际地位,变得越来越穷,“成为备受失业之苦的穷乡僻壤”。追根溯源,从 19 世纪中叶起,奥斯曼帝国因多次打败仗而日渐衰弱。从那时起,老城里涌进大量的移民,连最宏伟的皇家建筑都开始现出败落的迹象。奥斯曼政府的那些达官显贵们,当时赶时髦似的避居在博斯普鲁斯沿海新建的别墅。共和国时代安卡拉、伊兹密尔等城市迅猛发展,而伊斯坦布尔彻底落伍。20 世纪 70 年代伊斯坦布尔城市扩大,“那些老宅邸、旧别墅不是陷入遗产纠纷,就是

① 奥尔罕·帕慕克著,何佩桦译:《伊斯坦布尔:一座城市的记忆》,上海人民出版社 2007 年版,第 36 页。

被隔成几间公寓或单房出租。油漆剥落，木头因潮湿而变黑，或被想盖现代公寓的人焚为平地。这些博斯普鲁斯沿岸的旧别墅对新富阶层和逐渐增多的中产阶级没有多少吸引力。”①不过，由奥斯曼大家族建造的海边豪宅，在20世纪渐渐被视作“过时的身份与建筑范例”。

在帕慕克眼里，要不是有一条博斯普鲁斯海峡，伊斯坦布尔的颓废更不可想象。他说：“假如这城市诉说的是失败、毁灭、损失、伤感和贫困，博斯普鲁斯则是歌咏生命、欢乐和幸福。”“……在伊斯坦布尔这样一个伟大、历史悠久、孤独凄凉的城市中游走，却又能感受大海的自由，这是博斯普鲁斯海岸之行令人兴奋之处。”②

二

帕慕克笔下的伊斯坦布尔，除了他童年记忆中的伊斯坦布尔影像，有他成年后看到的伊斯坦布尔，还有书本上的伊斯坦布尔印象。比如，奥斯曼帝国史的记载，还有西方作家、旅行家访问伊斯坦布尔的见闻录。关于外国人的见闻，帕慕克摘引了法国作家奈瓦尔、福楼拜、戈蒂耶对伊斯坦布尔的评价。

法国诗人奈瓦尔访问伊斯坦布尔是在1843年。奈瓦尔的见闻收录在《东方之旅》中，这本书有描写伊斯坦布尔的章

---

①　奥尔罕·帕慕克著，何佩桦译：《伊斯坦布尔：一座城市的记忆》，上海人民出版社2007年版，第54页。

②　奥尔罕·帕慕克著，何佩桦译：《伊斯坦布尔：一座城市的记忆》，上海人民出版社2007年版，第43、45—46页。

节。7年后（1850年），著名小说家福楼拜达到伊斯坦布尔，他在伊斯坦布尔成居住了将近五个月。从福楼拜留下的文字看，他不喜欢伊斯坦布尔，也不喜欢开罗、耶路撒冷等东方城市。福楼拜在致友人的信中提到，他偏爱的是“贝都因人和沙漠的炎热东方，红色非洲的深处，鳄鱼、骆驼、长颈鹿”。对于激发英国诗人拜伦的想象力的“土耳其的东方，弯刀、阿尔巴尼亚服饰、栅栏窗户遥望大海的东方”[①]，他并不感兴趣。两年后（1852年），戈蒂耶（作家、记者、诗人、翻译家、小说家）来到伊斯坦布尔。戈蒂耶在这里居住了70天，他发表过的见闻文章被收入《君士坦丁堡》一书。戈蒂耶一路看到“未经粉刷、颜色变黑、东倒西歪的木造房屋，残破的喷泉，年久失修、屋顶塌陷的陵墓，以及石墙、空巷”。不过，戈蒂耶有着“浪漫主义文学对希腊罗马废墟和消失的文明遗迹及其威严所具有的兴奋心情”，因此他写道：“距离使风景壮丽，使单调、狭窄、陡峭、肮脏的街道、一片凌乱的房屋与树木‘染上阳光的色彩’。”[②]但戈蒂耶跟着导游走过加拉塔桥，拐入狭窄街巷时也感到畏惧。

帕慕克把亲眼所见的生活过的城市，与法国三位作家眼中的、笔下的伊斯坦布尔进行对照后发现，伊斯坦布尔100年间（从19世纪中叶到20世纪中叶）没有多大变化，这座城市的停滞、缓慢衰败，让他非常感慨。

---

① 奥尔罕·帕慕克著，何佩桦译：《伊斯坦布尔：一座城市的记忆》，上海人民出版社2007年版，第269页。

② 奥尔罕·帕慕克著，何佩桦译：《伊斯坦布尔：一座城市的记忆》，上海人民出版社2007年版，第215—216页。

奥斯曼帝国晚期推行西化改革，伊斯坦布尔上层人的生活方式西化了，观念上开发了，同时，随着铁路和港口的修建，火车和轮船把伊斯坦布尔与欧洲的距离拉近了。来到伊斯坦布尔的欧洲人不少，穆斯林为主体的城市里到处可见漫步街头的法国人、英国人、荷兰人、德国人。帝国社会正在努力西化，所以，西方作家和西方政客如何评价伊斯坦布尔，似乎对当地人很重要。倘若某位西方观察者说了贬低伊斯坦布尔的话，忠实的读者会觉得伤心。这种情况延续到土耳其共和国时代。因为很长一段时间没有重要人物来到伊斯坦布尔，当地人有点失落。俄裔美国诗人布罗茨基到过伊斯坦布尔，在《纽约客》发表的题为《逃离拜占庭》的文章中说："这儿的一切是多么过时！不是陈旧、古老或老式，而是过时！"①尽管布罗茨基说的是实话，但可以想象，伊斯坦布尔人会是什么感受。

奇妙的是，西方作家夸张地描写的许多伊斯坦布尔特色，在他们指出之后不久便在城内消失。例如西方人感兴趣的禁卫军步兵、奴隶市场、持尖叉的"鲁法依"僧侣和僧侣道堂、奥斯曼服饰、后宫，在西方人描写后不久陆陆续续消失。甚至连土耳其原来的字母，也被共和国领导人废除了，代之以拉丁字母。"这些失去的东西当中，伊斯坦布尔人最难以接受的是，把坟墓和墓园从日常生活中的花园和广场移到可怕的、高墙围绕的空地，丧失了柏树或风景。"②

---

① 奥尔罕·帕慕克著，何佩桦译：《伊斯坦布尔：一座城市的记忆》，上海人民出版社 2007 年版，第 226 页。

② 奥尔罕·帕慕克著，何佩桦译：《伊斯坦布尔：一座城市的记忆》，上海人民出版社 2007 年版，第 230—231 页。

三

伊斯坦布尔的外观，包括宫殿、宗教建筑、居民住宅、街道、巴扎等，像帕慕克描写的那样，确实是陈旧了，衰败了，色彩暗淡了。那么，伊斯坦布尔生活的各个阶层的人，他们是怎样的精神风貌呢。帕慕克的《伊斯坦布尔：一座城市的记忆》中，生动地描写了家人、亲戚、熟人、老师、同学，陌生人、外国人，大体上反映了居住在这座废都中的居民的面貌。

帕穆克写到一个细节："我心里踏实无虑，庆幸身为一个幸福大家庭的一分子，陶醉于活在世上是为了喜悦的幻觉中，尽管我一直都清楚，这些在节庆欢宴上有说有笑的亲戚们，在对金钱和财产问题起争执的时候同样冷酷无情。"他们在财产问题上出现的分歧很严重。"这些裂痕或因合家欢宴而消除，但欢乐背后是堆积如山的旧账和波涛汹涌的责难。"①

帕慕克发现，他的父母亲热衷于阅读报纸上的社会八卦，实际上和那些编造谎言的小报记者一样，是发泄对有钱人的不满。帕慕克从心眼里蔑视他父母那样的上流社会人士。帕慕克得知，伊斯坦布尔的有钱人并不是因为聪明才智而致富，其实是抓住时机贿赂政府官员发了横财。这些暴发户品位不高，比不上奥斯曼帝国时期的精英。在帝国晚期，当时出身卑微的人若想步步高升、发财，仅能凭借教育资源，凭借真本事。可是到了共和国初期，随着苏菲教团僧侣道堂的关闭、对宗教

---

① 奥尔罕·帕慕克著，何佩桦译：《伊斯坦布尔：一座城市的记忆》，上海人民出版社 2007 年版，第 13 页。

文献的否定、字母改革以及主动转向欧洲文化，想通过教育提升自己已不可能。关键是，新时代要致富无须运用知识。另外，奥斯曼帝国没有世袭贵族，共和国时期的有钱人，挖空心思把自己变成帝国贵族的"合法继承人"，他们突然对残留的奥斯曼文化发生兴趣时，便收藏一些幸存的"古董"。①

帕慕克说，土耳其富裕家庭，会在室内的玻璃柜子里摆着中国瓷器、茶杯、银器、香炉、日式屏风，也许这些器皿从未碰过。关键要摆上一架钢琴，摆上相框，有意摆设出"西化家庭"的氛围。"斋月期间不斋戒的人，身处这些玻璃柜和毫无生气的钢琴当中，或许比盘腿坐在摆满坐垫和长椅的房间里来得心安理得。虽然大家都知道西化可脱离伊斯兰的律法，却没有人知道西化还有别的什么好处。"②

在帕慕克印象中，伊斯坦布尔的有钱人过得并不舒坦，经常陷入家庭纷争，对簿公堂，有的家庭由于积怨深，多年不往来。在房产分割中起了争端的亲属，常常抱着不利己也要损人的态度，不断给对方制造麻烦，让大家都不开心。有的人为阻止亲戚使用庭院，采取各种手段。

四

伊斯坦布尔真正的衰落、颓废，不是外表，而是内在的衰

---

① 奥尔罕·帕慕克著，何佩桦译：《伊斯坦布尔：一座城市的记忆》，上海人民出版社 2007 年版，第 182—183 页。

② 奥尔罕·帕慕克著，何佩桦译：《伊斯坦布尔：一座城市的记忆》，上海人民出版社 2007 年版，第 9 页。

败。外来者谋生困难,艺术家更难以生存。尤其20世纪50—70年代的伊斯坦布尔,不是一个文化都市,不是一个可以成就艺术家的地方。帕慕克不得不放弃绘画爱好,在作出痛苦的选择后,感到非常忧伤。但他母亲的话也是有道理的,伊斯坦布尔不是巴黎。一个人如果有艺术天赋,经过个人努力,如果幸运在欧洲可能成名,但伊斯坦布尔只能沉沦。没有人理解你为何放弃大好前途去画画。伊斯坦布尔不是一个尊重艺术和绘画的富裕社会。他母亲说:"……让不懂艺术的人接受你,让这些人买你的画,你就得讨好政府,讨好有钱人,最糟糕的是,你还得讨好半文盲的新闻工作者。你认为你顶得住这些吗?""如果不想成为建筑师或找其他谋生方式,你将成为那些神经兮兮的土耳其穷画家之一,只能看有钱人的脸色过生活,别无选择。这个国家没有人能光靠画画过日子。"①

放弃学画,帕慕克陷入忧郁的情绪中。他说:"有时我劲头十足地接受我的角色,忘了自己只是在演戏。我暂时跟人家一样,尽情享受快乐,但之后一阵忧伤的风不知从何处吹来,使我想蜷伏在角落里,回到屋子里,回到我的房间、我自己的黑暗里。"②后来帕慕克写作成名,但他还是留着对往日生活的不愉快的记忆,以至于认为,伊斯坦布尔对他而言是一个"废墟之城,充满帝国斜阳的忧伤"。

---

① 奥尔罕·帕慕克著,何佩桦译:《伊斯坦布尔:一座城市的记忆》,上海人民出版社2007年版,第343—344页。

② 奥尔罕·帕慕克著,何佩桦译:《伊斯坦布尔:一座城市的记忆》,上海人民出版社2007年版,第299—303页。

当然，在我们这些只见过 21 世纪的伊斯坦布尔的游客眼中，总觉得帕慕克对伊斯坦布尔的描写过于沉重。伊斯坦布尔真有那样一个很衰败、很萧条的阶段，伊斯坦布尔的变迁具有典型性，但世界各地的著名古都或多或少都要经历盛衰之变，在何种程度上去评判政权更迭和帝国兴衰给一个中心城市带来的损伤，似乎值得深入研究。读《伊斯坦布尔：一座城市的记忆》，有时不敢相信，伊斯坦布尔的衰落、帝国的辛酸记忆，会给帕慕克留下那么深的创痛。

帕慕克的笔下，有些表达很"奇特"，让人一时难以理解。他说，他和伊斯坦布尔的数百万人把他们的过去当作"异国"来欣赏。他还说，若想体验，必须让自己成为这座城市的"陌生人"。不知为什么有这样的心思？在了解奥斯曼帝国史的人眼里，共和国取代帝国也是土耳其政治制度的进步；至于帝国统治过的行省和属地，在帝国解体后获得独立也是历史进步，很少像帕慕克一样，去计较奥斯曼帝国是"被小小的、好模仿的土耳其共和国所取代"。确实，奥斯曼帝国 400 多万平方千米，而土耳其共和国不到 80 万平方千米，是"小小的"共和国。但"好模仿的"，就让人不理解。

和平不能仅靠良心来维系

——从土耳其的“澳新军团墓地”说起

土耳其靠近爱琴海的地方，引人注目的是“加利波利战场遗址”(Gallipoli Battlefield Sites)。这里分布着大大小小的墓地，矗立着醒目的纪念碑。阿尔布茹努(Arıburnu)公墓、海岸纪念碑、独松公墓是当年“澳新军团”登陆的地点和激战的战场。加利波利半岛占地 3.3 万公顷，是土耳其国家历史公园，而墓地、纪念碑和纪念馆并不集中，有些公墓、纪念雕塑散落在远处的灌木和松林中。半岛边沿还有一个海湾名为“澳新军团海湾”。战场遗址的墓地里，安葬的是 1915 年的战役中阵亡的士兵。来参观的人多，这里早已变成旅游景点。

战场遗址距伊斯坦布尔有 5 个多小时的车程。参观特洛伊古城遗址的游客，也要经过这条路。因为特洛伊古城就在达达尼尔海峡另一岸。从伊斯坦布尔乘车到达埃杰阿巴德(Eceabat)后，折向西北，就到了加利波利战场遗址；如果下车登船，横渡达达尼尔海峡，上岸后朝西南走，就能到特洛伊古城遗址。两年前我参观特洛伊古城的那一次，记得旅游大巴里坐的游客大部分来自澳大利亚，他们的目的地是加利波利战场遗址。临近中午时大巴停在埃杰阿巴德，先用午餐，然后听导游念名单，准备分开两路。我印象最深的是一对银发老人，下车时行动困难，进餐馆的大门时，老太太的拐杖掉到地上。我走在他们的身后，给老人捡起拐杖并扶老人走到餐桌前。吃饭时两位老人告诉我，他们夫妇 80 多岁，每隔几年都要来这里一趟，凭吊 1915 年阵亡并埋葬于此的前辈亲属。据旅游资料介绍，最近 10 余年，加利波利战场遗址的参观者猛增，尤其是 4 月 25 日（“澳新军团日”）这一天，近 1 万人赶往墓地参加纪念活动，人潮涌动，造成交通堵塞，其中 2005 年举行的“90 周年纪念”活动，参观者超过 2 万人。

有点好奇心的人估计会产生疑问：1915 年在加利波利到底发生了怎样的一场战役，以至于死了那么多士兵？为什么是“澳新军团登陆地点”，为什么有“澳新军团海湾”？

关于这场战役，在英国文献中称“加利波利战役”（Battle of Gallipoli），土耳其人称之为“恰纳卡莱之战”（Çanakkale Savaşı）。加利波利战役是第一次世界大战前期近东战场极为惨烈的战斗，而战役中获胜的土耳其军队将领穆斯塔法·凯末尔，成为土耳其的民族英雄，几年后缔造了共和国。加利波利半岛位于达达尼尔海峡的西岸，而达达尼尔海峡是进入当时的奥斯曼帝国首都以及到达黑海的咽喉要道。奥斯曼帝国站在德国一方，与协约国（英国、俄国、法国）的军队对垒，所以封锁整个海峡，英国和法国则派军队远征，目的是打通海峡，控制伊斯坦布尔,并与俄国军队会合。英法联军本来打算从海路进入,但奥斯曼土耳其军队在达达尼尔海峡布设了水雷,英法海军无法进入,转而登陆。英军准备越过加利波利半岛,而法军按计划进攻对岸的恰纳卡莱,共同目标是突破奥斯曼帝国的海峡防线。

英法舰队攻击达达尼尔海峡是在1915年的2月19日,而英军试图登上加利波利半岛是在4月25日。向加利波利的土耳其守军发起攻击的大英帝国远征部队中,有来自澳大利亚和新西兰的军人,他们是战争爆发后组建的,在埃及进行短期集训后,被协约国指挥部派到前线。军团兵力有三个师,一般称为“澳新军团”(ANZAC),即澳大利亚和新西兰军团(Australian and New Zealand Army Corps)。

加利波利战役于1915年4月25日开始,第二年1月9日结束(英法远征军撤离),历时8个多月。奥斯曼土耳其的兵力少于英法联军,但借助于有利地形,成功守住了阵地。由于一方攻击迅猛,一方拒不退缩、严防死守,导致惨重的伤亡(交战双方阵亡人数共计约3.5万人)。阵亡的士兵包括澳大利亚军人、新西兰军人、英国本土军人、英属印度军人、奥斯曼土耳其军人。如果“澳大利亚军人阵亡8 700名,新西兰军人阵亡2 700名”的数字可靠,至少说明,澳大利亚和新西兰阵亡士兵占很大比例。据介绍,在加利波利的土耳其国家历史公园,目前共有36处协约国士兵公墓和20处土耳其士兵墓地。

土耳其共和国对阵亡将士的纪念,目的是告诉后人“和平来之不易”,让人们在缅怀英烈时,想到如何消除人类的相互仇杀。在阿尔布茹努海岸纪念碑上，刻着一篇铭文，内容是凯末尔1934年发表的演说词，表达了一种超乎敌我界限的宽容和悲悯。碑文中提到："在我们看来，躺在一起的叫约翰的士兵和叫穆罕默德的士兵都一样。送儿子远离故土参战的母亲们，擦干你们的泪水。你们的孩子如今平静地沉睡在我们这里。在这片土地上牺牲，他们也成了我们的孩子。"这里提到的约翰和穆罕默德，一位是协约国士兵，一位是土耳其士兵。据说，在战役中一位名叫穆罕默德的土耳其士兵，把一位名叫约翰的协约国伤员抱往敌军阵营，为的是让敌军救护队能够及时地抢救他的生命。这则感人的故事被制成雕塑后，就永久矗立在加利波利战场上，也印制在各类旅游宣传资料中。

在参观加利波利战场遗址后，有人写了游记或其他形式的文章，这些文章中大致相似的一个结论是"唤醒良知，记住世界大战血的教训，热爱和平"。土耳其共和国把加利波利战场开辟为历史公园，供本国人和世界各国人民参观、瞻仰、凭吊，真是一件功德无量的事。

不过，还有深层的问题需要思考。想维持永久和平，就必须防止战争、消除战祸，而制止大规模、跨国界的战争，仅仅靠普通人的良心和善意显然是不够的。提起加利波利战役，我们首先应该追问，为什么会发生这场惨烈的战役？难道这次战役是不可避免的吗？

第一次世界大战是欧洲两大军事集团之间的矛盾引起的，奥斯曼帝国本来可以不卷入其中。战争爆发前，德国希望与奥斯曼帝国结成同盟，就算是使用外交方式"诱使"奥斯曼帝国统治者作出结盟的决策，但并没有资料表明德国逼迫奥斯曼政府签订军事盟约。1908—1918 年的奥斯曼帝国号称“君主立宪制”，形式上有议会、有政党、有内阁，但是，与德国结盟的决策，竟然是两三位掌权者秘密作出的。也就是说，几位专权的军人就可以决定一个多民族大帝国的命运，可见，“专制”变为“立宪”也是换汤不换药。若是不与德国结盟，不仅加利波利战役可以避免，奥斯曼帝国也不会走上灭亡之路。

至于英国和法国，一个多世纪的近东政策都是抵制俄国入侵奥斯曼帝国，但为了对付德国和奥匈帝国，在 1907 年与多年宿敌俄国签订协约，毫不掩饰地化敌为友。关键是，两国都没有想办法保持与奥斯曼帝国的“传统友谊”。奥斯曼帝国的当政者看不到英、法两国的诚意时，自然会倒向德国和奥匈帝国一边。仅就加利波利战役的失败来说，这次远征的决策是否正确？从英国内阁免去丘吉尔的海军大臣职务（丘吉尔引咎提出辞呈）来看，至少英国当局认为远征的决策有失误，后来史学家对此也有议论。

国家之间为什么会发生战争，古希腊史学家修昔底德的分析至今仍有价值。修昔底德认为，导致希腊城邦之间发生战争的原因是：“当时双方都有那么一伙不负责任的政客，为实现其个人的野心和自私自利的目的，完全不顾人民的死活，把国家推向毁灭的深渊，而一般人又没有力量来阻止这种趋势，只是无可奈何地随波逐流，结果同归于尽。”试想，世界历史上哪一场战争的爆发不是这样？哪一次战争的发动，真有迫不得已的理由？加利波利战场不远处，就是 3 000 多年前发生过“特洛伊战争”的地方。那场希腊联军远征特洛伊的战争历时 10 年，有多少希腊青年献出了宝贵的生命？有多少希腊家庭失去亲人？除了两部掺杂神话的史诗，没有任何确切数据。而特洛伊城被夷为平地，多少青壮年军人死于战场？多少无辜的男女老幼死于非命？然而，战争的理由是什么？按照诗人荷马和史学家希罗多德的讲述，无非是希腊人和亚洲人抢夺美女，引起复仇。即使按照现代史家的说法，特洛伊战争是争夺爱琴海地区的商业霸权引发的，但那么多希腊城邦参与，时间持久而战争惨烈，造成的损失那么严重，不也令人深思吗！

加利波利战役在第一次世界大战中只能算普通的战役，因为法国的马恩河、凡尔登、索姆河发生过更为残酷的战斗。新式武器用于杀人，一个战场每天死亡人数达到 6 万人，这是多么触目惊心的数字！现代人从中吸取教训了吗？第一次世界大战前后 4 年，就有 1000 万不同肤色的军人捐躯疆场，这就是人类的文明成果吗？两次世界大战都是德国挑起的，德皇威廉二世要“为德意志帝国争取发展空间”，希特勒要征服世界，普通民众能制止吗？

迄今还没有哪位思想家提出足以消弭战争的高明理论和深刻思想，也没有哪位预言家声称世界大战永远不会发生。显而易见，普通民众的良心，可以让自己所处的社区和谐，却没办法减少战争发生的概率。

以世界历史来看，从源头上控制战争决策的出台，是防止战争的第一步。这就要让德意志帝国、奥斯曼帝国那样的政体(专制或独裁)永远从地球上消失,使一个国家的众多人的命运不能由少数几个人操纵。就目前而言,把国家大事放在国会或代表大会上由代表们集体讨论,然后公之于众,听取民众的意见,这毕竟是一种合理的选择。就算几百名议员或上千名代表作出的决断不正确,但总不至于太离谱。当然,要防止战争规模和烈度扩大,还要靠"联合国"这样的机构。虽说联合国的作用并不令世界人民满意,但可以肯定,没有"联合国"这个平台,国家之间的高层次磋商就不能实现,世界的和平更没有指望。

顾准为什么要探究西方制度?

2015 年 7 月 1 日是顾准百年诞辰。这位生前历尽坎坷的思想家,身后却引起了知识界的持续关注,至今不衰。顾准生逢乱世,历经忧患,在和平环境中,却妻离子散,家破人亡,死于绝境之中。顾准离世后的 40 余年里,回忆顾准、研究顾准的文章很多,我大多认真阅读了,很受感动。近期重读了一遍顾准的遗著,仍放不下那个老问题:顾准为什么要探究西方制度?

一

“认识”顾准,要带着好奇心。

顾准研究希腊城邦制度,是为探究西方民主的源头;探究民主源头是为了解决现实问题。可是,顾准一开始就想“探究西方民主源头”吗?不一定。顾准和弟弟通信的时间是 1973—1974 年。写成希腊史读书笔记是在 1974 年的 2—5 月,即顾准病逝那年的前半年。对于专门研究欧洲史的人来说,可能会先从希腊史做起,但顾准的目标不是成为史学家。

根据陈敏之提供的信息,顾准打算用10年时间,通盘研究先是西方,后是中国的历史,并在比较的基础上,探索未来。为此,他下笨功夫大量阅读,认真思考。但这是1972年回到中国科学院经济所之后的研究计划,此前他读哪些书?思考哪些问题呢?从《顾准自述》和《顾准日记》(2002年版)提供的信息,我们可以判断,顾准从1955年之后就不停地读书,理论上的思考非但没有停止,反而越来越深刻。

1955年9月—1956年9月,顾准在中央党校学习,课堂学习的主要内容是:马恩列斯经典原著(哲学、政治经济学)、联共(布)党史、自然科学介绍(如物理学、化学)。课程中,"还有一门分量较少的功课世界通史,由一个年青的苏联专家讲课,从希腊罗马讲起,并没有突出世界近代史和世界现代史。奇怪的是党校没有中国史这门课,尤其感觉缺乏的是中国近代现代史"。[①]顾准自己课外阅读的内容:西方史、外国小说(如高尔基的《克里·萨木金的一生》)、自然科学的书。顾准后来写交代材料时说,"这一年的学习生活也有一点积极作用,它使我形成了'读史'的习惯。马恩著作的时代背景离当代较远,其中所引史实对我是陌生的,我想初步弄清楚与这些史实有关的一般历史。离校前即读了一些历史书,1958年后更费了不少时间来读史,从西方史逐渐转向中国史,转向中国近代史和现代史"。[②]

1955—1956年在中央党校期间读书情况,顾准的日记有

---

① 《顾准自述》,中国青年出版社2002年版,第227页。
② 《顾准自述》,中国青年出版社2002年版,第229页。

详细记录，按照日记中提供的信息，所阅读的书籍主要有：恩格斯的《反杜林论》，黑格尔的《小逻辑》，斯特罗果维契的《逻辑》，瓦因斯坦的《辩证法》，狄慈根的《辩证逻辑》，达尔文的《物种起源》，恩格斯的《家庭、私有制和国家的起源》、《哲学的贫困》，列宁的《国家与革命》、《剩余价值学说史》《列宁文选》，考茨基的《土地问题与俄国资本主义发展史》等。《资本论》三卷仔细阅读了，并做了笔记，顾准感到收获很大，日记中一处写道："若干重要概念更清楚了，同时对资本主义的血手，在人类历史上曾经干了些什么，也弄得清楚了一些。二十年前，实在还不会读经济学，河上肇的东西只给了一些不完整的概念，以后，吹牛说要研究经济史，读了一些东西，那都是标本的报章杂志之学。"①

读了亚当·斯密、李嘉图著作的译本，凯恩斯的《就业、利息与货币通论》英文版，顾准说阅读完后要"学会批判它"②。顾准读了巴尔扎克的小说，狄更斯的《大卫·高柏菲尔(科波菲尔)》、《老古玩店》、《双城记》，莎士比亚剧作，还读了古代史、资产阶级革命史，"买了英国革命史、法国革命史、美国革命史、杜德《英国与英帝国危机》、大唐西域记"等书。此外，还读了哲学和生物学著作，可见他读书很杂。

1955 年年底的日记中，顾准记述："自 1940 年以来，长时间没有进行这样的学习了。而回忆 1940 年以前的学习，也实在可怜，整个资本主义发展史是不了解的，从培根以来的近代

① 《顾准日记》，中国青年出版社 2002 年版，第 24 页。
② 《顾准日记》，中国青年出版社 2002 年版，第 25—26 页。

思想史是一片模糊，希腊罗马是毫无所知，……思想方法方面，既不知逻辑是什么，也不知道什么是唯物主义，什么是唯心主义，……”①“如果出校以后继续清闲三四年，把科学知识与经济学哲学好好搞一下，有多好呀。”②

1956年9月，顾准进入中国社会科学院经济研究所。1956—1957年，顾准完成论文《试论社会主义制度下的商品生产和价值规律》。从1957年8月起到1958年5月止，顾准又有集中读书的机会。顾准自述：“我闭门家居，除在宿舍房前开一小片土地种蔬菜而外，全部时间都用来读书——读已出版的马恩列斯的著作，读了一批西方历史的书籍。……每天读报，还摘抄了一些卡片。”③

1958—1962年，顾准下放农村，到过河北赞皇县、河南商城县、北京附近的清河饲养场、天津宁河县黄庄农场。其中，“从1960年在清河劳动期间就有时间读书了。……我听不到任何党的决定的传达，不参加任何集体学习，不参加任何运动。我十分关心政治，只能通过自己读报，知道大的方向。此外的时间我全都用来读书了。1960年、1961年两年，主要是读哲学和历史，哲学方面，康德、黑格尔、罗素、杜威都读了一些；历史，读了一些西方古代和中世纪史，也读了一些西方近代现代史和史料。……”④

---

① 《顾准日记》，中国青年出版社2002年版，第19—20页。
② 《顾准日记》，中国青年出版社2002年版，第21页。
③ 《顾准自述》，中国青年出版社2002年版，第250页。
④ 《顾准自述》，中国青年出版社2002年版，第272页。

1962年,顾准回到经济所,有两年时间没受干扰,撰写著述和做翻译。写成《社会主义会计中的几个理论问题》《粮价问题初探》,阅读《经济学译丛》《经济学动态》《外国学术资料》等,翻译熊皮特(熊彼得)《资本主义、社会主义和民主主义》《美国总会计师制度》。

1964年开始搞"四清",顾准去了周口店、大韩继。1965年9月返北京,回到经济所。1966年9月到1968年8月,顾准所做的工作,所读的书,他自己有一个回顾总结:(一)把书架上从前读过的历史书从头复读了一遍,又读了乾隆"御批"通鉴。(二)系统地读了马恩全集二十余卷,资本论三卷,其他一些马恩著作,以及手头所有的和马恩有关的其他作家的著作。以上两项工作中,摘抄了两三千张卡片。(三)系统地读资产阶级经济学。(四)因为要了解他们说的究竟是什么,需要补充数学知识,费四五个月时间,复习代数,读微积分,读线性代数,最后一项只开了个头。(五)过去有过经验,翻译是精读的好方法。于是,在读了一批经济学著作后,着手翻译乔安·罗宾逊的《经济论文集》第二卷和约翰·密尔的《政治经济学原理——以及它在社会哲学上的若干应用》,……,合计四十万字。[①] 从1968年8月开始被集中监管,在此期间写"交代"材料,年底开始,1969年6月完成(27篇,约20万字)。

1969—1971年,顾准下放河南,集中精力读书的机会失去了,但顾准还是想办法了解国际国内形势,读报纸,读《反杜林

① 《顾准自述》,中国青年出版社2002年版,第308页。

论》《进化论》等书。1972 年回到北京后,最后两年大量阅读,日记中有一个长长的书目单。

二

从顾准日记和自述("交代材料")来看,他在 1956 年就已"心里不平静"。1956 年 9 月进入科学院经济研究所,领导本来安排顾准担任经济研究所的所长,顾准谢绝了。关于"不愿意当所长的理由",他说:一、"我自己当时处于'思想危机'中,我不愿把工作弄坏";二、"我怀着一大堆问题,急于'探索',所以到经济所来是当'和尚'的";三、"我还认为,我以前搞过实际经济工作,可是我的经济学学习却仅仅开始。……"[①]这时顾准已在思考一些令他困惑的问题。

1958 年,顾准对大炼钢铁有看法。1959 年在商城,以及三年困难时期,对农村中出现的不正常现象有看法。顾准认为政策上有问题,当然,他想的不敢表露。因为自己是"右派"分子,不能随便谈话惹事。[②]顾准"交代材料"中说:"怀着这种罪恶的心情,我更加坚持要'探索'——不仅 1957 年留下的许多问题要'探索',两年农村劳动的经历也提出一系列问题有待于'探索'。这当然是离开集体学习的个人的'探索'。"[③]

1962 年回到经济所,顾准翻译熊皮特著作时,也受了熊皮特的思想影响。他翻译熊皮特的书之后,商务印书馆要译者介绍作者生平和思想,为此顾准又读了熊皮特的其他几本著

---

① 《顾准自述》,中国青年出版社 2002 年版,第 234 页。

②③ 《顾准自述》,中国青年出版社 2002 年版,第 271 页。

作。顾准后来“交代”:“熊彼得的反动政治思想和经济思想都对我起了某种程度的恶性启发作用。”①

顾准后来“交代”时有个细节:1962 年回到经济所,他发现教授们可以炫耀的就是文献知识和外语水平。顾准觉得,只要自己在这方面作一些努力,“占领教授们把持的这个阵地”其实并不困难,所以顾准想在文献和外语方面多下功夫。不过,顾准的思想还是发生了大的变化。“现在来回顾这一切,回顾我始于 1955 年,到 1964 年发展到顶点的思想堕落之深、态度之顽固,就好像一场噩梦。然而这不是梦,是实实在在的历史。……”②顾准是建国后一连串政治运动的受害者,两次被戴上“右派”帽子,但他本来是革命者,是厅局级领导干部。当时的严重灾难(尤其个人遭遇),促使他对这场运动产生怀疑。据吴敬琏回忆,最初的怀疑是在 1969 年被下放河南息县干校。可以推断,此后顾准反复思考的问题是:为什么会产生一连串灾难,其根源究竟是什么?

1973—1974 年的通信中,顾准专门说道:无产阶级专政下继续革命,是激进的理想主义者,就是把革命手段与终极目标看作一种东西,想一劳永逸地推向理想社会。③“理想主义”和“继续革命”以何种方式给社会造成危害呢?顾准有进一步深入思考。

顾准想知道,世界范围内还有哪些国家出现过类似的灾

① 《顾准自述》,中国青年出版社 2002 年版,第 291 页。
② 《顾准自述》,中国青年出版社 2002 年版,第 297 页。
③ 《顾准文集》,贵州人民出版社 1994 年版,第 375 页。

难。他首先想到了法国大革命。顾准想弄明白法国大革命。我们可以推断,如果不被病魔夺走生命,顾准一定要弄明白法国大革命,他的研究计划中,法国大革命史是绕不过去的。在顾准日记(1971 年 2 月 21 日)中有一处提到:“也把前些时候写的几张有关资本主义发展的卡片拿出来重读了一下,其中关于法兰西大革命的再估价部分,上次写着写着就搁下笔来的,想起来要对这个问题真的能够有所认识,还必须把中世纪以来的法国史,尤其是 16—18 世纪的法国史弄得有个眉目,才能形成初步意见。”①这说明,对法兰西大革命的研究已作了准备。

顾准究竟阅读了多少法国史书籍,对法国大革命的思考达到何种程度,没法弄清楚。我们今天只能在他的读书笔记中看到一些片断,这些片段涉及法国革命、“拿破仑主义”、圣西门和傅立叶的思想、法国工人党纲领、古代法国的土地制度、近代法国的政治得失(例如陷入战争,忽视了航运和海军)。这些内容,从注释看大多数来源于顾准阅读马恩全集的笔记,引文离不开《法兰西内战》《哥达纲领批判》等,来源于法国历史著作的很少。

顾准日记反映出,1971 年前后顾准对“国际共运”的思考也比较多,关于波兰、苏联,顾准都写了一些简单评论。这也表明,他把国际共运形势变化联系起来,作了全面的考察。国内、国际“现实问题”的刺激,让他想到对法国革命的反思,也

① 《顾准日记》,中国青年出版社 2002 年版,第 362 页。

是顺理成章的。

三

顾准研究希腊城邦,可以从两方面理解:一是他要探究西方民主制度的源头(这是无疑问的);同时,也不排除他要探究发端于斯巴达的制度带来的危害。斯巴达的历史证明,“借寡头政体、严酷纪律来长期维持这种集体主义,其结果必然是形式主义,是堂皇的外观和腐败的内容,是金玉其外败絮其中;相反,还因为它必然要‘砍掉长得过高的谷穗’,必定要使一片田地的谷子长得一般齐”。[①]这一见解是非常深刻的。

准备全面研究世界历史,其实也可以有两种步骤:一是从西方历史的源头希腊开始,二是先研究世界近现代史,追根溯源去研究古代希腊罗马史。顾准的目的既然是探究西方民主制度,那就应当重点研究英国议会制度。雅典民主虽是西方民主制度的源头,但现代西方议会制度不是直接产生于爱琴海的古文明地区,而是诞生于偏远的不列颠岛。中间需要弄清楚欧洲中世纪史、基督教文化、文艺复兴、新航路开辟、宗教改革等,否则,怎么能认识“资本主义制度的起源”?

在《资本的原始积累和资本主义发展》《直接民主与“议会清谈馆”》两篇中,顾准集中谈到几个重要问题,如:资本主义为什么发端于英国?英国的议会制是如何形成的?是如何演变的?可见,顾准对西方历史有准确的把握。关于资本主义

① 《顾准文集》,贵州人民出版社 1994 年版,第 256—257 页。

起源、现代西方民主制度,顾准的论断是深刻的,但远不及他对希腊城邦的论述那样细致,论据不够充分。只能推断,顾准还没来得及深入研究,或者仅有一些零散的思考。

顾准阅读古希腊史,留下了篇幅可观的笔记。我的感觉是,顾准留下笔记,表明他阅读希腊史著作比较集中,对希腊城邦的认识较为透彻,这得益于当时北京图书馆的希腊史藏书。即便对希腊史一无所知,要较快了解希腊史梗概,并不困难。可以先阅读汉译名著,如:塞尔格耶夫的《古希腊史》(缪灵珠译,1955 年出版)、修昔底德的《伯罗奔尼撒战争史》(谢德风译,1960 年出版)、希罗多德的《希波战争史》(王以铸译,1959 年出版)、《格罗特〈希腊史〉选》(郭圣铭译,1964 年出版),以及柏拉图、亚里士多德的部分著作(有中译本)。1962 年出版的周一良、吴于廑主编的《世界通史》(上古部分),也有较大篇幅介绍希腊。在了解古希腊史的脉络后,直接阅读英文版的格罗特《希腊史》(12 卷,北京图书馆有收藏),对城邦类型及其演变,可以获得更清晰的认知。

单从资料来说,哈佛大学出版的《洛布古典丛书》(Loeb Classical Library),顾准在北京图书馆肯定能找到。我查证过,山西大学图书馆的《洛布古典丛书》是 1960 年购置的,可以推断,北京图书馆购置这套丛书的时间不会晚于 1960 年。顾准完全可以看到希腊史的最权威的外文书。

从顾准《希腊城邦制度》反映的信息看,顾准研究希腊城邦,除了依据英文版格罗特的《希腊史》,还阅读过汤因比的《历史研究》、布瑞的《阿卡亚人与特洛伊战争》(顾准笔记的注释中译为

“伯里:《亚该亚人和特洛伊战争》”)、加登纳(顾准笔记的注释中被译为“格尔顿乃尔”)的《早期雅典》等英文版书籍。

顾准通过大量阅读,基本弄清了希腊民主制度的类型,民主制度的条件等。顾准研究后认为,雅典的民主制是特殊条件下的产物。

顾准研究希腊城邦,本来在心里赞颂雅典等民主制的城邦,认为在希腊小邦林立中个人的创造性发挥到极点,创造了灿烂文明,但顾准又“迷惘起来”。为什么呢?因为顾准也看到:大小城邦之间自相残杀,甚至不惜勾结外敌来对付同胞;而且,民主制的雅典被专制的斯巴达打败,希腊城邦被马其顿王国征服。顾准最后的结论是:先进的城邦被落后帝国打败,不是由于其“内在”的民主制度,而是由于其“外在”的城邦制度,即失败的是“城邦”小国,而非民主体制。雅典民主,到底该不该歌颂?顾准困惑了。[①]按陈敏之的说法,顾准的希腊史笔记没写完就“卡壳”了,以后没再写。其实不难理解。顾准心目中的雅典民主是好制度,但他发现了雅典民主的缺点,所以想不通,就作罢。

四

从顾准留下的文字中可以看到,顾准还在思考着另一个非常重要的问题:资本主义为什么没有灭亡反而有活力?那么,如何认识资本主义的本质及其生命力?

---

① 《顾准文集》,贵州人民出版社 1994 年版,第 287 页。

按照马克思恩格斯的理论，资本主义社会不能克服自身的矛盾，必然要被无产阶级埋葬；列宁说帝国主义是垂死阶段的资本主义，可是20世纪50—70年代资本主义非但没有亡，反而很有活力，用顾准的话说，就是“现在帝国主义变了，资本主义也变了”①，所以要重新审视资本主义。

无独有偶，从20世纪50年代中期到60年代中期，中国史学界围绕“资本主义萌芽问题”展开讨论。基本观点是：“中国封建社会内部的商品经济的发展，已经孕育着资本主义的萌芽，如果没有外国资本主义的影响，中国也将缓慢地发展到资本主义社会。”顾准却说：“中国那些奢谈什么中国也可以从内部自然成长出资本主义的人们，忘掉资本主义并不纯粹是一种经济现象，它也是一种法权体系。法权体系是上层建筑。……”②可见顾准对资本主义萌芽问题有自己的认识。今天看来，顾准的见解很可贵。

关于资本主义起源，顾准的基本看法是：“用雇佣劳动的出现来定义资本主义（马克思就是这样定义的），不如把产业革命的诞生作为特质更为准确。”顾准认为“资本主义”是因为“工业革命”而不是“雇佣劳动”才对人类社会、历史发生影响的。顾准分析：意大利的市民社会、现代银行、国际汇兑、复式簿记系统、近代物理和实验，都是资本主义的“奠基礼”，但意大利不仅没有发展资本主义，反而衰落了，原因呢？顾准认为，仅有经济优势而没有强大的军力，没有适当规模的民族国

① 《顾准文集》，贵州人民出版社1994年版，第337页。
② 《顾准文集》，贵州人民出版社1994年版，第318页。

家来保障，也发展不出资本主义。把顾准关于资本主义的分散的观点联系起来，就能明白：在制度层面，顾准强调西方的“法权体系”和“国家力量”这两种因素对资本主义产生的作用；在精神文化层面，顾准强调“个人主义”和“理性主义”的重要性。

顾准的结论是，在英国产生资本主义，是多种因素共同作用的结果，单独一个因素都不能达到这种结果。顾准指出：“认为任何国家必然产生资本主义是荒唐的。”①顾准认为：“资本主义还有生命力的原因，在于他们不限制，相反还在发展批判。”顾准研究雅典民主、斯巴达“平等主义”，思考资本主义的活力问题，都是为一个更重要的问题作准备，这个问题是：“娜拉出走后怎样？”即革命成功后选择一条什么样的道路，建立怎样的经济与政治制度？这个问题本是新文化运动时期的命题。当时启蒙者构想和推测娜拉出走后怎样，而顾准面对的是，革命已经胜利，革命后的社会和国家如何建设？应选择一条怎么样的道路？

顾准对中华人民共和国成立后几十年所走的路产生怀疑，于是决定作全盘思考，但深入的研究才开始，没来得及提出方案。不过，顾准已有几点看法：

第一，革命成功后的道路选择，应该按“经验主义”办。

顾准在研究希腊城邦制度时指出：“我对于‘小邦林立’的迷信是批判掉了，然而我还是厌恶大一统的迷信。至于把独

① 《顾准文集》，贵州人民出版社1994年版，第326页。

裁看作福音,我更嗤之以鼻。事实上,大国而不独裁,在古代确实办不到;人类进步到现在,确实完全办得到。”①

第二,要建立民主,必须以“科学”为民主的前提。

即只有建立在科学基础上的民主才是真民主。顾准说:“你把民主当作前提也可以,把所谓科学精神当作前提也可以。”②

第三,“人民当家作主”如何实现。

上述几点,顾准指出了“怎样做是不行的”,但没有提出“怎样做是可行的”。因为顾准的全面研究计划刚起步,对西方制度和文化的研究,只触及古代希腊,对于现代西方民主的形成,他还没有着手研究。陈敏之提到,顾准知道有马克斯·韦伯的《新教伦理与资本主义精神》这本书,但没有读过。顾准1972—1974年的日记中列的书目里,除了中外历史书,哲学和政治学著作包括穆勒的《论自由》、福泽渝吉的《文明论概略》、洛克的《人类理解论》、康德的《纯粹理性批判》、罗素的《西方哲学史》等,但一个年近60岁的重病患者,在短时间内即使粗略阅读,也很难迅速产生成熟的论点。

五

顾准说他是“倾心”西方文明的人,忍不住要以西方的标准来评论中国③,不过,他又说,“研究外国历史,研究世界状况,都是为了解决我们的问题,否则那不过是有闲阶级的精神

---

① 《顾准文集》,贵州人民出版社1994年版,第289页。

② 《顾准文集》,贵州人民出版社1994年版,第345页。

③ 《顾准文集》,福建教育出版社2010年版,第404页。

游戏”。[1]顾准思考问题和纯学者不同，因为他不是为了做学问、立言，而是为了解决实际问题。

《顾准笔记》（中国青年出版社 2002 年版）分为三部分，第一部分主要是中国古代史的笔记，第二部分是阅读和翻译西方经济学著作时做的笔记，第三部分是阅读马恩全集的笔记。《顾准文集》中，“从理想主义到经验主义”这个题目是编者取的，其实是信件、学术笔记的连缀和组合。文集中各篇的顺序，未必是那些通信和论题的最初的顺序。读这些篇章后会发现，最重要的是这样几篇：《资本的原始积累和资本主义》《科学与民主》《直接民主与“议会清谈馆”》《民主与“终极目的”》《资本主义与帝国主义》《统一的专制帝国、奴隶制、亚细亚生产方式及战争》《希腊思想、基督教和中国的史官文化》，以及译文《马镫和封建主义》后面的评注。在我看来，这些篇目的价值和意义，超过《希腊城邦制度》。因为，这些书信、笔记显示出，顾准对资本主义起源、英国的制度、现代资本主义的特征等问题都已经有深入的思考。顾准计划先研究外国的历史，后研究中国的历史，实际上他对中国的历史很熟悉，在阅读西方历史时，就已经与中国古代作比较。

顾准在探究西方精神文化时，把中国传统文化——“史官文化”作为参照，并持冷峻的批判态度。当然，顾准在和陈敏之通信中专门谈论先秦思想，论及孔子、老子、韩非子，这与陈敏之提出的要求有关，也许并非顾准的着力点。就在无意中，

① 《顾准文集》，贵州人民出版社 2010 年版，第 288 页。

顾准的言谈已“流露”出对中国历史和文化的深刻判断。其实,顾准从1955年以来就阅读中国古代著作,1972—1974年的阅读更集中,历史类的读书笔记就有10余万字。可以肯定,顾准对中国文化的批判是着眼于未来的。

顾准研究西方的制度和文化,是为自己宏大的“实用政治哲学”作准备。这个政治哲学大厦尚未建立,但他已绘制出清晰的“图纸”,打下坚实的“地基”,准备了高质量的“材料”。不过,研究西方历史是艰巨的。顾准说过一句客观的话:“西方史的过程,看来比中国要复杂一些。也许这是因为我们不熟悉;也可以猜测,西方人会认为我们的历史复杂和不可理解。”[①]这句话,让人明白顾准为什么要下决心花10年工夫研究西方和中国的历史。既然顾准要构建宏大政治哲学,而他的研究才开头,那么,顾准寄希望于后人的,就不是纠缠于他笔下那些思想片段的价值高低,而是接着探究下去。

① 《顾准文集》,贵州人民出版社1994年版,第306页。

未展其才的世界史研究者

2014年是阎宗临先生诞辰110周年，山西大学举办了“欧洲文化史研讨会暨阎宗临诞辰110周年座谈会”。10年前举办过阎宗临先生百年诞辰纪念会，有论文集出版。转眼又是10年。《阎宗临传》（阎守诚著）在2014年上半年已由三晋出版社出版，可谓及时。这本传记中，除了叙述阎宗临丰富多彩的生活经历，还用较多篇幅介绍阎宗临的学术研究的内容，每提到重大历史事件或重要人物，还穿插一些背景。好在自己作世界史教学和研究多年，对阎宗临的论题并不陌生，能明白作者取舍材料的苦心，也能读出滋味来。

阎宗临，一个从小山村走出去的农家子弟，远涉重洋，负笈欧洲，钻研法文和拉丁文，研究欧洲文化，在国外学习和工作10余年，抗日战争爆发后回国，成为民国时期的一位学有专长的知名教授，他的经历本身，就富于传奇色彩。在我们今天听起来，简直像谜一样。而让人感慨万千的是，阎宗临从1950年回到山西后，就默默无闻了，到国家改革开放重新启用人才时,阎老先生去世了(1978 年)。师道刚等先生曾写过介绍性的文章,没有引起多少人注意。2007 年阎宗临的三部著作《世界古代中世纪史》《欧洲文化史论》《中西交通史》出版,随之有人写书评,阎宗临的名字才频频出现,尤其是北京大学高毅教授 2008 年 3 月发表《邂逅阎宗临》一文后,阎宗临其人其文才真正引起学界关注。许多人说,是读了高毅的文章,才知道有阎宗临这么一位不该被遗忘的学者。

阎宗临的学术研究领域主要是欧洲文化和中西交通。20 世纪 30 年代在瑞士付印的法文版《杜赫德的著作及其研究》,20 世纪 40 年代国内出版的《近代欧洲文化之研究》《欧洲文化史论要》,以及未出版的书稿《希腊罗马史稿》《欧洲史要义》,还有一系列论文,是阎宗临的主要学术成果。1950—1978 年只有零星论文,有一部讲稿,还有一册《巴斯加尔传略》。没有研究欧洲史的条件,只能借用汉文书籍,研究中西交通史上的一些具体问题,做了一些古籍笺注。

最近几年,学界谈起民国教育和学术,似乎那时学者如云,泰斗很多,但我们仔细留意一下,就会发现,尽管高水平的学者非常多,但多数是研究中国学问的,研究外国学问的稀少。屈指可算,当时仅有雷海宗、刘崇鋐、陈衡哲、杨人楩、阎宗临、齐思和、刘思慕等知名学者。虽然蒋方震、常乃德、陈受颐、刘炳荣等编著过西洋文化史或欧洲文化方面的书,但他们并不专攻世界史。陈翰笙和周谷城后来被当作世界史名家,列于百科全书《外国历史卷》,但陈翰笙主要致力于中国农村调查研究,周谷城主要研究中国历史,解放后才出版《世界通史》。后来的世界史名家吴于廑是1947年才学成回国的。可见,民国时期世界史专家还是凤毛麟角。就中西交通史而言,冯承钧、张星烺、向达、方豪、朱杰勤等学者成就很高,但他们从中国地理、中国古代史入手,而直接使用拉丁文,以西方第一手资料研究中西交通史,阎宗临无论如何算是罕见的拓荒者。可以说,阎宗临在当时是难得的国宝级学者之一。

我曾就职于阎宗临生前工作和生活过的高校,自觉不自觉地对阎先生有一些了解。在师道刚、韩石山、王荣声等先生的笔下,早有对阎宗临生平和著述的介绍。张炜、陈德正、黄春高、张西平、高毅等对阎宗临的著作及学说作过研究。然而,关于阎宗临先生,可以获知的信息还是很简单、很有限。直到读完《阎宗临传》,仔细翻看阎宗临不同时期的照片,这位令人敬佩的史学家的形象才清晰起来。

在纪念文章或研究文章中,不少学者感叹:阎宗临生不逢时,晚年生活困顿,著作不为人知,这是阎宗临遭遇的不幸。但通读《阎宗临传》之后,我感觉阎宗临先生是很幸运的。第一,他不断遇到贵人相助,才能从穷山沟走到北京,又以北京为起点,赴欧洲勤工俭学,在瑞士读完本科、硕士和博士,成为一名学识渊博的洋博士。第二,他不断得到朋友帮助,才能辗转西南,在硝烟弥漫的岁月里,既研究学术、发挥特长、培养人才,又把几个孩子抚养成人。第三,他非常幸运地结识了鲁迅、梁漱溟、罗曼·罗兰、岱梧(Dévaud)等中外名人,遇到高长虹、华林、于斌、焦菊隐、徐悲鸿、关山月、向培良、饶宗颐、万仲文等忠实朋友,“人脉关系”不同寻常。第四,阎宗临先生拥有令人羡慕的幸福家庭，一起留洋的妻子和他一生相伴，六个子女都有出息，其中五个是教授。第五，阎宗临先生在特殊年代里经受了冲击，但程度较轻，侥幸地活下来。按当时的情况，阎宗临先生可能被划为“资产阶级唯心主义”或“白专”道路的，因为他研究的是欧洲文化，他和阎锡山是老乡、同姓。

令人惋惜的，一是阎先生46岁回到山西后，就再也没能继续研究他擅长的欧洲文化史了；二是他早年的学术成就长期湮没，60多年不为国人所知。后人无法猜知阎宗临晚年内心的所思所想，即便是为他撰写传记的儿子守诚，也只能作一些推断。因为，阎宗临先生经历世变，不得不放弃他擅长的欧洲文化史研究时，心里的郁闷可想而知。这从他不让子女学文科的举动，就能看得出来。饶宗颐概括为“嗣先生回归山西故里，终未能一展所学，忧悴而继以殂谢”。当然，阎宗临在生命最后的28年里“未能一展所学”，并不仅仅是阎先生本人的不幸，更大程度上是国家的不幸。46岁对一个作史学研究的学者来说，正是黄金季节，可惜给耽误了。倘若阎宗临先生持续研究28年(1950—1978年)，不仅多部重要著作问世，还培养出数十名阎门弟子，我们的世界文化史研究领域会是一个完全不同的局面。

阎宗临的遭遇不是孤立的个案。今天的年轻人，知道雷海宗、刘崇鋐、陈衡哲、杨人楩、齐思和、刘思慕这些名字的，能有多少？这些致力于“知彼”的学问的人，在国外留学，仅仅为了学通几门外语所吃的苦，我们就难以想象。可是，他们满腹才华又有多少发挥出来了呢？推而广之，其他学科，其他行业，有多少学有专长的专家、学者、艺术家，把一身武艺、满腹才华没能尽情施展？青年孙中山在《上李鸿章书》中指出，国家富强之本，在于“人能尽其才，地能尽其利，物能尽其用，货能畅其流”。然而，我们国家近代以来的道路是曲折的。在一些历史时期，学有专长的学者，学富五车的国宝级专家，未得到重用，未得到保护，非常可惜。

正因为阎宗临等学者研究世界历史与文化的著作蒙尘，中国民众对外国的了解，只能停留在“帝国主义压迫下的人民需要中国人去拯救”的认识阶段；正因为阎宗临那样的学者被弃之如敝屣，我们的世界史研究 1978 年之后才从零做起。为了筹办会议，我们把全国范围研究欧洲文化史和中西交通史的专家学者“细数一遍”。让人吃惊的是，无论召开一个“欧洲文化史”的专题会议，还是召开一个“中西交通史”的专题会议，可以邀请的专家确实不多。问题的关键是，这些年在急功近利的评估体系下，有的单位为了争资源、争项目，热衷于组建团队，而专家学者为了出成果容易，偏离甚至放弃原来的研究方向。比如，原来研究“冷门”领域的，转而去研究热点了，或者和现实结合紧密的题材了。相比之下，对阎宗临欧洲文化史观的谈论，目前还是小圈子里的话题。

司马迁说“天下熙熙皆为利来，天下攘攘皆为利往”，但他本人超越名利，志在探究古今变迁之道、家国盛衰之理，为后世留下不朽著作。如今信息发达、世界一体，数十亿人在地球上忙碌地涌动着，或悠闲地享受着，或痛苦地挣扎着，以各种形式消耗着地球上的资源，不知奔向何处。但我们可以推测和估计,无论在哪一个国家,都有不少埋头苦干的人,有不少拼命硬干的人,有不少为民请命的人,有不少为后代谋福利的人。而潜心学问的人,至少属于埋头苦干的一类,这一类人的目光,自然会投向创造出文化成果的前辈:最大的快乐,是读到前辈留下的精品;最大的成就,是接续前辈的学问;最大的利益,是给后世留下自己的新作品。从这个意义上,我们应该是乐观的,至少,阎宗临那一辈学者的心血不会白流。无论社会环境多么浮躁,这个世界还会回归理性,回归人文。这也是阎宗临从文化视野对未来世界的一个判断。

阎宗临在揭示欧洲思想的错误时指出,"价值颠倒、人为物役、心为形役"是文化的歧路。中国人回顾自己走过的历史就会发现,既有过"价值颠倒"的阶段,也有过"人为物役、心为形役"的岁月,一度把人性的恶发挥到极致,也把人的贪欲激发到沸点。前一种情况是国家之灾难,后一种情况是国家之伤痛,归结一句话,都是国家的损失。有人说,要是阎宗临生活在今天,会对中国学术起到很大作用,我倒觉得,阎宗临若生活在今天,其著作会有"后世的知音",这是毫无疑问的。

第四辑　史海拾零

一位诗人和一场战争

希腊人反抗土耳其人的战争，按理说跟英国诗人拜伦(Byron)扯不上关系，但 35 岁的拜伦跑到伯罗奔尼撒半岛去援助希腊，第二年(1824 年)在迈索隆吉翁城不幸病逝。于是世界近代史上除了一场持续 10 余年(1821—1832 年)的“希腊独立战争”，还有一位为希腊民族而牺牲的“国际主义”英雄。过了 90 年(1914 年)，留美的中国学生胡适翻译拜伦的诗篇《哀希腊》，在他之前，梁启超、马君武、苏曼殊已翻译过(梁译两个片段，马、苏译了全篇)，胡适完成了《哀希腊》第四个中文译本。

希腊人反抗土耳其人是怎么回事？现代希腊国家与创造灿烂文明的古希腊有关系吗？英国的诗人为什么去支援希腊独立战争？《哀希腊》的内容主要是什么？为什么能引起中国知识分子的兴趣？细究起来，真要牵出许多头绪。

希腊人通过战争摆脱奥斯曼土耳其人的统治，是因为希腊人自 15 世纪中叶起就被奥斯曼土耳其人征服了。希腊人在奥斯曼帝国统治下生活了近 400 年。在奥斯曼帝国征服之前呢?东地中海有一个延续千年的帝国,这个帝国就是拜占庭帝国,也叫东罗马帝国,其统治中心在君士坦丁堡,而希腊是拜占庭帝国的重要行省,希腊语是拜占庭帝国的国语之一。拜占庭帝国之前是罗马帝国。罗马人征服希腊地区是公元前2世纪。再往前是马其顿——亚历山大帝国,公元前338年之前是希腊城邦时代,即创造灿烂的古典文明的希腊。也就是说,古希腊辉煌之后,漫长的2 000多年里希腊人没有表现的机会,直到1821年掀起武装起义,又一次进入世界历史的视野。

希腊人要反抗土耳其人,为什么要等到19世纪20年代才行动?答案是:其一,法国自由、平等思想和革命观念传播到希腊,一些希腊知识分子认识到,摆脱奥斯曼帝国的统治,才能获得自由,于是开始"振兴民族,复兴希腊文化"的鼓动宣传。其二,奥斯曼帝国后期政治腐败,对地方的控制弱化,希腊人独立的时机成熟。

希腊人提出民族独立的理由是:希腊人屈服于土耳其人的武力,但土耳其人对他们的统治是不合法的;土耳其统治者没有给予希腊臣民应有的权利;土耳其人应当放弃他们占据的欧洲土地;希腊人有权利重返欧洲民族的大家庭。听起来,希腊人对土耳其人的统治很不满。其实,希腊人并没有经受比其他民族更严重的压迫,相反,希腊人在奥斯曼帝国的臣民中是生活稳定的少数民族之一;巴尔干其他民族的基督教信仰者,多数情况下由希腊主教管制;希腊人在奥斯曼帝国的商业、文化、教育等领域具有突出地位。

希腊人的独立运动取得成功,由胜利者撰写的现代希腊建国史，强调了奥斯曼帝国的黑暗统治，颂扬希腊民族的英勇顽强。事实上，希腊人的独立过程并不"精彩"。进行革命宣传的希腊文报纸在维也纳创办，第一个秘密政治组织建在境外的敖德萨，1821年的希腊起义没有得到希腊民众的有力支持，险些被镇压。后来起义队伍壮大，但内部出现分裂。之所以坚持到1825年还打了几个胜仗，夺取迈索隆吉翁等城市，不是因为希腊起义军能征善战，而是由于奥斯曼帝国的军队战斗力太差。奥斯曼帝国统治者求助于埃及阿里总督，埃及军队开赴希腊，一年时间(1825—1826年)扫荡伯罗奔尼撒半岛，几乎扑灭了起义烈火。

由于俄国、英国、法国出兵，1827年10月在纳瓦里诺(Navarino)战役中，打败了奥斯曼政府和埃及的海军舰队。埃及军队被迫撤离，法国军队占领伯罗奔尼撒半岛，俄国军队跨过多瑙河，开进奥斯曼帝国巴尔干领土，这才有了希腊独立战争的胜利。

战争胜利了，但希腊各派武装力量和政治势力中，连一个全希腊普遍接受的领导也没有。由英、法、俄三国作主，从希腊本土指定了一位总统卡普迪斯特里，但不久他就被暗杀了。后又选择萨克森—科堡的利奥波德为希腊君主，利奥波德也遇刺身亡。直到1832年5月，英、法、俄三国重新选择了一位希腊国王，这就是巴伐利亚路德维希国王的儿子奥托亲王。奥托成为现代希腊第一位君主，称奥托一世(1832—1862年在位)。而希腊的独立，依赖英、法、俄从1830年到1832年签订的几个条约来保证，希腊与土耳其之间的边界，直到1923年才划清楚。

在希腊现代史中,把英国诗人拜伦援助希腊革命当作一个亮点。在希腊人看来,拜伦的指导、忠告以及亲赴硝烟弥漫的希腊,比他从伦敦带给希腊起义军的筹款更有价值。拜伦到达希腊的时间有几种说法(1823 年 4 月,1823 年 7 月 16 日,1824 年 1 月 5 日)。可以肯定的是,拜伦从意大利来到希腊,先住在英国控制的爱奥尼亚岛,后到达希腊起义军控制的迈索隆吉翁。自希腊起义爆发,拜伦就积极声援,不久,对希腊独立运动表示赞赏或支持的人在伦敦成立了一个“希腊委员会”,拜伦以这个委员会的代表身份奔赴希腊。

处于孤立地位的希腊起义军和革命者,迫切希望得到欧洲同胞帮助,拜伦的到来表明“希腊独立运动触动了欧洲人”。拜伦劳碌、受风寒、发烧,一病不起,1824 年 4 月 19 日逝世于迈索隆吉翁。后来,拜伦的简历中,往往以“拜伦为希腊独立运动献出了年轻的生命”做结尾。对于拜伦为什么热心支持希腊独立,也有各种各样的说法。一种说法是:像拜伦这样的诗人富于浪漫主义和新古典主义情感,在希腊人反抗奥斯曼帝国的斗争中发现了一种“高贵的理由”,他看到了传播自由思想的机会。还有一种说法是:古希腊文明是欧洲文明的源头,欧洲人从感情上与希腊人是亲近的,拜伦参加希腊独立战争就体现了这种联系。

不过,有一点必须澄清:英、法、俄三国派军队攻打奥斯曼政府和埃及的军队和拜伦的援助不是一回事,并不是由于与希腊人的文化情感联系。

希腊起义突然爆发，使欧洲大国的领导人不知如何应对。有的担心“希腊革命”蔓延会点燃欧洲其他国家的革命之火，有的不愿放弃在巴尔干地区扩展势力的机会，肯定要插手。距离希腊较近的奥地利和普鲁士坚持“维持现状”，既没有支持希腊，也没有站在奥斯曼帝国一方。俄国人支持希腊独立，是想乘机控制巴尔干；只要巴尔干出乱子，俄国人就高兴。英国政治家没有考虑好如何做才不损伤自己的利益，起初隔岸观火。有的英国政治家对希腊起义不抱同情，有的英国外交官则别有用心地把希腊和奥斯曼土耳其称为“交战国双方”。法国出兵既不是帮希腊人，也不是与奥斯曼政府过不去，而是不希望埃及在东地中海崛起，出兵目标是打压埃及。虽然三个欧洲大国出兵帮助希腊起义军，但各有各的动机。

再来说拜伦。拜伦出身没落贵族，但他和他那个阶层的关系“不和谐”。他追求的自由与贵族阶层的等级尊严相冲突。他的品德也不怎么好，他那个阶层很不喜欢他。他是英国人，爱英国的热情似乎比不上爱意大利、爱希腊。拜伦22岁时（1810年）就去雅典、君士坦丁堡、佩特雷等地游历，曾泅渡达达尼尔海峡，并引以为生平得意之事。他的成名作《恰尔德·哈罗德游记》的素材是游历所得。

拜伦的《哀希腊》是《唐璜》第三章里的诗，这首分16段的诗并不是简单地哀叹古希腊文明的失落，发思古之幽情，而是赞扬希波战争中希腊人反抗波斯的英勇事迹，鼓舞19世纪的希腊人反抗土耳其人统治，争取自由和解放。这首英文诗不易翻译，但基本含义并不深奥。苏曼殊的译文读起来比英文还难懂,马君武为了押韵而不惜缩词,胡适的译文很有激情,但套用中国典故“羲和素娥”“一顾倾城”,更显艰涩。今天把他们的译文放在一起看,每一种译文都在英文诗的本意上添加了不少“含义”,已经不能算是“意译”,而是属于“再创作”。《哀希腊》后来还有胡怀琛、柳无忌、查良铮等多种中文译本。以今天的眼光看,最接近原文的,还是查良铮的翻译。而围绕《哀希腊》的汉文翻译问题,至今还有人写论文,可见拜伦这首诗非同寻常。

拜伦是个行动主义者,不仅援助希腊,早先还帮助意大利的革命者。中国有句古话:“偏是秀才喜谈兵”,拜伦这位诗人,面相俊美,身体柔弱,多愁善感,下肢有点残疾,却积极参与外国的革命,帮助意大利人和希腊人争取自由,值得钦佩。中国知识分子喜欢拜伦的诗,大概是由于拜伦的诗既富于“深情奇气”,也有粗犷豪放的一面。胡适单纯从诗的角度,觉得“深情奇气”是诗的长处,但“粗豪”是其短处,同时又肯定,正因为其“粗豪”,所以拜伦的诗名“及于世界”。

可以说,亲赴希腊战场并染病而死的拜伦,留给后世的是文化名人的一段故事。而19世纪是英国的世纪,英国人把全世界当作自己表演的舞台。出兵打击奥斯曼政府和埃及舰队,只能算是英国对外战争中的小插曲。无论希腊独立战争,还是诗人拜伦的活动,都属于世界历史长河的浪花。我们后人能做的,就是通过阅读文献,尽可能接近历史真实。

关于诗人拜伦和希腊独立战争,可以从不同资料中获取信息。阅读奥斯曼帝国史,就能看到“拜伦带着4 000英镑捐款于 1823 年到达希腊，要帮助希腊叛军筹建舰队”的记载。《希腊现代史》中，则叙述迈索隆吉翁城的多次失陷和收复，还有拜伦的到来给起义军的鼓舞。在近代国际关系史中，记载了英国、法国和俄国派兵介入希腊独立战争的前因后果。读《胡适留学日记》，就能读到胡适翻译《哀希腊》的缘起，阅读《唐璜》，就能欣赏查良铮翻译的《哀希腊》诗。不同性质的书籍，能反映同一历史事件。对这位诗人和这一场战争，要按照学术研究的标准，非要讨论其学术价值，估计会失望。不过，把 190 年前的这一历史事件的来龙去脉梳理清楚，不是毫无意义的。

法学知识与世界近现代史研究

行内人说，世界史研究的“障碍”是外国语，“瓶颈”是理论，可经验告诉我们，世界史尤其世界近现代史研究是否透彻，取决于研究者掌握法学知识的多少。

世界近代史（1500—1900年）是资本主义产生、发展并向全球扩张的历史。世界现代史（1900—1945年）是从帝国主义形成到第二次世界大战结束的历史。无论是获取基本信息，还是进行专业研究，世界近现代史与世界古代、中世纪史最明显的不同，一是要接触到资本主义新兴国家大量的法律、法规，二是要涉及近代以来的国际关系和诸多条约、协定。

学习世界近现代史时，面对那么多法律、法案、条约、协定，只能用死记硬背的方式，重点记住颁布法律的背景、意义、影响等。当教师后，再把这些记在脑子里的东西灌输给学生。学生如法炮制，记住这些背景、意义，考试时写在卷子上，就足够了。从事研究时，如果遇到法律条文，就照着原条文引用，并不深究那些条文的含义。这样去做，似乎并不妨碍写论文、撰著作,于是觉得,有没有法学知识并不重要。许多世界史研究者和我一样,对世界近现代史上的法典、法律不求甚解。

历史学的训练从“史料搜集”抓起,目的是弄清历史事实。大学阶段学习世界近现代史,无论是阅读史学经典,还是阅读人物传记、各种趣味性的历史书,途径可以多样,结果是一样的:掌握了一些重大历史事件,记住了一些关键历史人物。进入研究生阶段,重点是培养“问题意识”,学会发现问题,然后围绕问题搜集材料,分析材料,写成论文。这样一路下来,即使读完博士,做大学教师并从事世界近现代史研究,也会出现“两张皮”:一方面,教学涉及面宽,泛而不深;另一方面,研究领域狭窄,对自己常年“挖掘”的领域熟悉,甚至钻得很深,但对相关领域生疏。问题在于,世界近代以来社会变化速度加快,人们的生活内容日新月异,而许多困惑和难题也随之产生。仅仅“知其事”是不够的,还要“解其意”;如何做到“解其意”呢?那就需要“透彻”,非但“明其质”而且要“通其理”。对世界近现代史的判断,既不能太宽泛,也不能精深狭窄,既不用很“宏观”,也不用很“微观”,真正需要有一个“中观”。仅有历史学的训练显然不够。

单就世界近现代史而言,如果不补充法学知识,至少会遇到以下三方面的困难。

第一,没有法学知识,世界近现代史上那么多的法律、法规就不能作深层理解。

在世界近代以来的历史演进过程中,每一阶段都有大量涉及法律的内容。从英国《权利法案》《王位继承法》,美国

《1787年宪法》,到法国《人权与公民权利宣言》《1793年宪法》《拿破仑法典》,再到1871年《德意志联邦宪法》、日本1889年《明治宪法》(《帝国宪法》)、1947年《意大利宪法》。仅仅这些著名的宪法、法案或宣言,就是资本主义国家的标志性成果,代表世界政治文明的高度。在世界史学科的视角下,重点讲英国革命、美国独立战争、法国大革命等重大事件,而这些宣言、宪法只是革命或独立战争的成果,充其量对它们的意义和影响作一些阐释。至于各国宪法的异同,宪法所反映的精神实质,世界近现代史研究者不涉猎,不细究。欧美各国的法律,除了宪法还有《刑法》《民法》《商法》《教育法》等专门法,内容丰富,有的甚至很"复杂",反映各国的综合发展和政治水准。倘若只知道简单条文,不明白其内容和含义,等于缺失了世界近现代史的细节。

关键是,世界近现代史上一些重要法律法规,看起来不起眼,实际上代表着人类的文明和社会的进步。比如,英国1802年颁布《学徒健康与道德法》,德国1839年颁布《普鲁士工厂矿山条例》,1883年颁布《疾病保险法》,1884年颁布《意外工伤保险法案》,法国1841年颁布《童工、未成年工保护法》,这是劳工安全保障的进步,影响极为深远。又如,英国1834年的《济贫法》、普鲁士1850年颁布的《调整土地和农民关系法》,德国1889年的《老年及残疾保障法》,以及英国1906年的《工会争议法》、英国1909年的《住房与城市规划法》,美国1912年的《最低工资法》,这些保护下层民众的法规,它们的价值和重要性,怎样估量都不过分。美国1890年颁布《谢尔曼反托拉斯法》，1914 年颁布《克莱顿反托拉斯法》，你可以说它只是美国的事，对美国商业发展有利，但也不能否认，“反垄断法”的诞生是世界近现代史上的大事。

第二，没有法学知识，世界近现代史上的国际条约、协定、商约弄不明白，近代以来丰富的国际法学著作读不懂。

近代以来，国际关系变得复杂，彻底突破了传统的“远交近攻”的层次。国与国之间的“交往”，更多的是坐在谈判桌前磋商，于是，“催生”了数不清的条约。从 1618 年的《威斯特伐利亚和约》开始，影响深远的条约就有：1699 年的《卡洛维茨条约》，1739 年的《贝尔格莱德条约》，1744 年的《库楚克—凯纳尔扎条约》，1792 年的《雅西和约》，1794 年的《杰伊条约》，1840 年的《伦敦条约》，1856 年的《巴黎条约》，1878 年的《柏林条约》等。尤其是第一次世界大战结束后，产生了一系列条约和协定，如《贡比涅森林停战协定》（1918 年）、《凡尔赛和约》（1919 年）、《圣日耳曼条约》（1919 年）、《色佛尔条约》（1920 年）、《特里亚农条约》（1920 年）、《九国公约》（1922 年）等；第二次世界大战结束时，1945 年一年就产生了《雅尔塔协定》《联合国宪章》《波兹坦公告》、《国际法院规约》等。世界史研究者，若不具备法学知识，就只能探讨这些条约和协定产生的前因后果，对条约文本没有辨析能力。

近现代欧美国家，不仅科技发达，法学、政治学、哲学著作也蔚为大观。且不要说那些经典的法理学著作、法律思想史，仅仅世界史教材中提到的国际法学著作，就令人叹为观止。从让·博丹的《国家六论》、格劳秀斯的《战争与和平法》、普芬多夫的《自然法和万国法》、瓦特尔的《万国法》、孟德斯鸠的《论法的精神》、奥本海默的《国际法论》,一直到汉斯·摩根索的《国家间政治》、汉斯·凯尔森的《公法理论的主要问题》等,每一部著作都代表一个新高度,为人类文明作出了贡献。这些著作,不具备法学知识就无法解读,或者能读懂大致的内容,很难理解作者的深意。

第三,没有法学知识,难以深刻认识近代以来人类文明与进步的关键环节。

近代以来的世界文明史,核心内容是西方科技进步和工业化。世界史教科书会列举出一大批发明家、科学家和举世瞩目的成就,然后讲他们的奉献精神,讲科学技术带来的社会变革,唯独不去深究科学家和发明家们取得成就的根本保障。有了发明创造,不一定能转化为生产力,造福人类。所以,关键的是专利法、商标法、著作权法的诞生。1474 年威尼斯共和国颁布世界上第一部专利法,1623 年英国颁布《垄断法》,1790 年美国通过《专利法案》,1836 年制定《专利法》。普鲁士在 19 世纪 30 年代开始工业革命,但在工业革命准备阶段政府就组织成立了技术委员会,颁布《专利法》,成立专利局。法国在 1791 年、德国在 1877 年、日本在 1885 年颁布了专利法。1803 年法国制定的《关于工厂、制造场和作坊的法律》,这是世界上最早的商标法。1709 年英国安娜女王颁布的《安娜法》,全名为《为鼓励知识创作而授予作者及购买者就其已印刷成册的图书在一定时期内之权利的法》,这是世界上第一部著作权法,也是世界上最早的关于知识产权的法律。值得一提的是,英国 1660 年成立“以促进自然知识为宗旨”的组织——皇家学会(The Royal Society),它是世界史上最早的科学学会,到今天已经存在 355 年,为人类科学发展作出了贡献。

具备中学以上文化程度的人都知道,近代以来西方崛起并向全球扩张,亚非拉落后国家遭受西方侵略,因为西方国家“船坚炮利”。其实没有这么简单。“西方的优势地位”是以强大的军事为后盾的,但未必完全依靠武力打天下。以英国为例,它的“世界第一”是如何炼成的?靠海军,这是事实,但英国获得大片殖民地,其实还凭借“权谋”,即孙子兵法说“不战而屈人之兵”。英国人在征服活动中不战而胜的例子很多,直接从谈判桌上获得的利益更多。英国的“世界第一”不是吹出来的。当时英国的海军世界第一,殖民地面积世界第一,这是结果,不是原因。1215 年英国的《自由大宪章》是世界唯一,英国的议会制度是世界第一。《自由大宪章》和其后的几个法律或法案的要点是:“无代表权不纳税”,这是国王和贵族达成的协议。英国议会制度的要点:“议会是英国的最高立法机关”,国王无权废止法律。先有世界历史上第一个议会制国家,才有世界上第一次工业革命。这是关键环节。不从法律制度着眼,对“英国崛起”的分析就难有说服力。

以上所述,并不夸张。根据个人经验,如果能补充和获取一些法学知识,对近代以来的全球化和现代化进程的认识和理解,可以深入一步。例如,亚非地区落后国家从 19 世纪开始学西方,进行“西化”改革,为什么富国强兵的愿望不能实现?有的落后国家,购买新式武器、制造西式枪炮,但拿着新式武器打内战，现代技术为阴谋诡计“插上翅膀”，国家反而分裂，社会反而倒退。显然，问题出在政治制度上。奇怪的是，有些国家引进西欧的法律和政治制度，并不能促进社会进步，反而做成了“夹生饭”。还有一种怪现象：那些受过欧美教育的亚非国家的精英，在本国取得政权之后也会走向独裁，所领导的政府出现腐败。为什么会是这样？历史学者找原因，不是指责西方列强，指责帝国主义，就是归因于国内的“封建传统势力”或“传统文化的糟粕”。直到自己读了法学书籍，补充了一些法学知识，回头思考上述问题时，豁然开朗：原来是“法治”和“人治”的差异。长期经历君主专制的国家，“人治”的传统造成了根深蒂固的政治生态，即使“借用”或“嫁接”西方的法律和政治制度，也仅仅是当作“手段”，服务于“管制臣民、维护王权”的目标；即使引入西方的某个“主义”或某种思潮作为指导，推翻旧政府建立新政权之后，也和历史上的君主政权没什么两样，革命领袖会变成一尊新神。熟读西方法学和政治学书籍的精英人物，回到本土还要用传统办法获得权力，用传统手段维护权力，然后继续搞“人治”。旧瓶装旧酒，只是换了新商标，独裁如故，腐败如故。西方公民社会的法治理念不会自然而然地在这些落后国家生根。

回到开头的话题。要深刻认识世界近现代史，关键是要认识资本主义发生发展史。顾准几十年前就说过：“资本主义并不纯粹是一种经济现象，它也是一种法权体系。”[①]很多人曾

① 顾准：《顾准文集》，贵州人民出版社1994年版，第318页。

经把资本主义仅仅看作一种经济模式，轻巧地谈论近代化和工业化，但许多问题解释不了。后来终于承认，资本主义的起源和演变，离不开民族国家、法律、议会制度、全球化和世界市场，这样，我们的世界近现代史研究才取得一些进展，不至于隔靴搔痒。

法学家传记中的历史信息

阅读人物传记是早年养成的习惯，而且，阅读范围远远超出专业界限。第一次见到《沉浮与枯荣：八十自述》[①]是在图书馆，觉得这本传记很有特色就借来一睹为快，谁知一看就放不下。享受网上购书的方便，买了一本可以收藏的新书放在手边，忍不住又读了一遍。

江平是著名法学家，但我读《沉浮与枯荣》之前并不了解。这本江平自传中所展现的传主形象、所揭示的历史背景、所披露的生活细节、所勾勒的社会轮廓，几乎是出人意料的，至少超乎我这个经历简单的人的想象。此前我并不知道，在中国历史最近的 80 多年里，有这么一位先叫江伟琏后叫江平的人，成长，留学，工作，遭难，痛苦，振作，教书，当领导，卸任，指导博士，参与立法，退休，为正义呐喊，行走在漫长的人生道路上，沉也悲怆，浮也苍劲，至今还在求索，还在勇敢前行。

---

① 江平口述，陈夏红整理：《沉浮与枯荣：八十自述》，法律出版社 2010 年版。

从传记中得知，江平的人生起点是让人羡慕的。他一生下来就已经处在我们将来准备要达到的目标——“小康”水平上。他1930年生在城里（大连），也长在城里（北平），家庭条件不错，父亲是银行系统的中层领导。江平自述上小学是在不起眼的学校，但再不起眼也在北平。上初中先在艺文中学（中南海旁边），后去上海，再回北京，高中就读于崇德中学（教会学校），虽然赶上战乱而颠沛流离，但学业上并未荒废。关键是，他的哥哥、姐姐都是大学生，哥哥还留学日本，榜样的力量不能低估。可见，江平“没有输在起跑线上”。

青年时代的江平也是幸运的。他18岁考入燕京大学，21岁被选派去苏联留学，到苏联被安排到喀山大学虽然不满意，但喀山大学毕竟是“革命导师列宁”学习过的地方，足以自夸。后转入莫斯科大学。在苏联学习的5年里，江平的收获是多方面的。除了法律专业的学习，他的俄语水平达到充当翻译的程度，他的体育爱好得到发展，他广交朋友，深入了解苏联城乡的真实生活，耳闻目睹了苏联政治的表里。个人生活方面，在留学期间交了女朋友，确立了人生理想。仔细翻看书中的黑白照片，就能推断他留学期间的快乐和充实。1956年回国时的江平可谓“春风得意马蹄疾”，用他自己的话说，“自以为步入了‘天堂之门’，从此可以步步高升、万事如意了”。当时他才26岁，前途无量。

就在青年才俊江平幻想着迎接绚烂人生，准备安排美好生活的时候，厄运悄悄尾随而至。27岁就被划成“右派”，几周后婚变，经历了精神上巨大的创痛。此后，更多的灾难还在等着他。28 岁那年下乡接受劳动改造，不久和大家一起挨饿、浮肿，30 岁那年被火车压断一条腿，还险些煤烟中毒，还从麦垛上摔下来……江平在那时“千语万言满胸臆，欲诉欲泣无从”，只能“长吁三声问天公”。

再一次获得做人的尊严，是在 1977 年。而站在讲台上给北京政法学院（中国政法大学的前身）的学生讲法律课时，江平已经 48 岁了。本来他 26 岁学成回国就被分配到北京政法学院，算“教龄”已经 22 年了，但他就没有真正讲过法律课，只是当过短期的俄语教师，在延庆县当过英文和政治教员。从 1978 年起，江平是名副其实的大学法学教师，职称由助教到教授。其中，1983—1990 年担任大学副校长和校长，也曾担任全国人大法律委员会副主任一职。江平的行政工作忙碌，社会活动频繁，但他本人还是钟爱教师工作，用他的话说，“如果来生再让我选择的话，我还要选择在大学当教授”。

江平在政法大学开设“罗马法”“西方国家民商法”课程，编写教材，主编《中国大百科全书·法律卷》，主持翻译“外国法律文库”，参与组建比较法研究会，设立“江平民商法奖学金”，参与人大常委会多项法律的制定，负责起草《信托法》，这些卓有成效的工作是在 50—70 岁之间完成的。70 岁以后本该颐养天年，把精力放在保养上，但江平先生席不暇暖，为国家早日实现法治，到处奔走、呼吁。

江平的一生跌宕起伏，豪情满怀之日遭遇风雨雷霆，凄苦无望之时终见云开雾散，真可谓：情难抒，悲难诉，欢乐短，忧患长。江平那代人遭受不幸，绝处逢生，晚年努力发挥光和热,“把失去的青春补回来”,大体上可以称为“先苦后甜”。江平70岁生日时(2000年)自己总结,他的一生中有22年逆境,22年顺境,上苍待他总算是“公平”的。他对顺境中的22年是满意的。可是后面的10余年里,社会并不像他期望的那样河清海晏,江平看在眼里,急在心里,坐不住。

《沉浮与枯荣:八十自述》曾被评为“2010年度十大好书”(深圳读书月活动的评选),并居榜首。评委给出的入选理由中有这样两句话:“这是一本用生命写成的书,是一本关于大时代大智慧的书。”“江平这部八十自述,写的是他们这一代知识分子的心灵史和精神史。”这部传记的特色,首先是文本结构的巧妙安排。《沉浮与枯荣》分为“似水流年”“廿载逆境”“我的教与学”“大立法时代”“为法治呐喊”五卷,每卷分若干篇章。本书对江平的80年人生经历,不是严格按编年史写法,而是以“事件”为单元。每个“事件”就像一个特写镜头,把许多个特写镜头连缀成一组,再把33组特写镜头合成整本书。读者可以通篇阅读,也可以选读自己感兴趣的篇章。

一般人看来,口述自传不就是“我说你写”,似乎很容易。其实,讲述者把哪些经历详讲,哪些经历略讲,取舍非常重要。哪些事例值得讲,哪些不值得讲,反映出口述者对自己的人生评价和定位。接下来,要把讲得精彩的内容写得精彩,读起来吸引人,还不许“失真走样”,就更困难。我们能见到的各类“口述自传”并非每本都精彩,有的拉拉杂杂,口述者说到哪儿,整理者记到哪儿,没有认真筛选。这样的口述自传尽管保存了“真实”,但不是严格意义上的“口述史学”。

口述史学兴起于20世纪三四十年代，起初只是史家利用录音技术，从普通民众那里获得生动、丰富的第一手资料，用以揭示历史事件的真相。后来口述史学蓬勃发展，出现了一批影响广泛的“口述自传”，有的成为畅销读物。《沉浮与枯荣》的整理者陈夏红在后记中透露，他为江平先生整理自传之前阅读了不少脍炙人口的“口述自传”，借鉴了史学名家（如唐德刚）的方法，并参阅了相关档案资料，加上对传主的生活内容熟悉，这为写出一本符合口述史规范的作品打下基础。

常见的人物传记有两种，一是传主自己写自己；二是由做传记的人根据史料来撰写，不需要（或没办法）与传主商量。前者“自言自语自落笔”，后者等于是研究历史人物，或讲别人的故事，共同特点都是“一个人说了算”。“口述自传”的难处在于：如果口述者讲得杂乱零散，听起来枯燥乏味，整理者该不该全面改写？能否改写得文采飞扬？如果口述者讲得天花乱坠，整理者拿去与相关历史资料对照，发现与史实有差距，那么要不要“改造”这些口述记录？口述者是否乐意“被改造”？还有，为了吸引读者，文字加工和润色过多，是不是会脱离“真实的口述”？可见，为口述者做文字整理工作是出力不讨好的活儿。《沉浮与枯荣》的语言干净利落、朴实厚重，江平生动的讲述，配上陈夏红博士凝练的文笔，分寸的把握恰到好处，很难得。从口述史角度看，《沉浮与枯荣》的口述者有气度，整理者有眼光，传主和整理者的共同努力相得益彰。

了解法学家江平的不平凡人生后，估计每位读者会有感触。显然，《沉浮与枯荣》不仅仅实录江平的一生，而且揭示了中国历史跌宕起伏的80年。我阅读《沉浮与枯荣》，印象最深的是涉及“法律、法学界人物”的几个片段：

江平留学苏联的5年，中苏关系处于“蜜月期”。在苏联学习的5年，江平的收获是多方面的。除了法律专业的学习，他的俄语水平达到充当翻译的程度，他的体育爱好得到发展，他广交朋友，深入了解苏联城乡的真实生活，耳闻目睹了苏联政治的表里。仔细翻看书中的黑白照片，就能推断他留学期间的快乐和充实。江平到过苏联伏尔加河下游的平扎州，见到苏联的农村情况，农民的生活比中国农民富裕得多。江平印象最深的是：苏联的民法与德国等西方国家的一样；民法典是成体系的，旧俄国民法典中的许多内容都被保留下来了，大学的法律教材编写得规范，苏联法庭很尊重法官的独立性。相比之下，我国把全部民国法律体系铲除，把法律工作者定为“旧法人员”，让他们统统靠边站。要不是读到江平的苏联见闻，我一直以为苏联老大哥彻底、无情地“与旧的法律制度决裂了”呢。

江平自传中提到的若干细节，是我这样孤陋寡闻的书生所不知道的。比如，改革开放前的30年里，忽视了法学人才的培养，以致法学教授很少，法律从业人员不多，当时也没有律师职业。留苏学生中那些法律专业毕业的归国人员中，转行去做其他工作的占多数。江平回忆，1951年被派往苏联的留学生中，学法律的有陈汉章、吴建璠、魏敏、陆思明、谢让柏、穆谟、李延茂、江平、刘鉴、王叔文、司马念媛、佟明辉等12人，大部分转了行。谢让柏、李延茂、陆思明三人的结局让江平很伤心。又如，江平的自传中详细记述中国政法大学筹建之初教师们生活条件，我们从中可以获知，1977—1999 年北京市高校教师的住宿条件、工资待遇、办公条件确实很差，改革开放初期教育事业的艰难可想而知。

还有一些细节是：1994 年 8 月 31 日才通过中华人民共和国历史上第一部《仲裁法》，此前相关的法律还不健全。至于《公司法》、《劳动法》、《保险法》、《合同法》等，都是在 1993—1999 年才先后通过的。第一部《信托法》更晚一些，是 2001 年才颁布的。而《物权法》是 2007 年通过的。这些法律的颁布情况我以前知之甚少，通过江平的自传才有了全面的了解和认识。

《沉浮与枯荣》中讲到法学界的佟柔、张佩霖、谢怀栻、陶希晋、陈先。国内至今没有这些学者的传记，江平的叙述就是珍贵的第一手资料。据江平追述：佟柔对新中国民法作出了特殊贡献；张佩霖人品高尚，善于钻研，尤其在继承法和侵权行为法方面成就卓著；谢怀栻先生知识渊博，阅历丰富，是法学界的硕儒；而陶希晋先生勇于提出建立"新六法体系"，并为行政法规的制定作出努力。这些前辈的业绩应保留于史册中。

《沉浮与枯荣》是一部不寻常的口述史。法学家江平的口述自传生动感人，一是他的人生经历丰富、曲折、深刻、厚重、绚烂，二是江平"虽九死其犹未悔"的精神、"宁鸣而死、不默而生"的品格足以产生强烈震撼力，三是《沉浮与枯荣》具有珍贵的史料价值。

从世界史角度看近代中国的屈辱

我们对近代遭受的侵略感到异常屈辱，主要是由于中国有辉煌的古代，对比和反差明显。如果局限于中国史，遭遇鸦片战争就是“飞来横祸”。英国殖民者让人愤恨，而中国人很无辜，很不幸。

落后挨打是历史事实，不过，近代的事件应该放在世界史的范围来看。稍稍翻一翻世界近代史就会发现，西方崛起后在全球扩张，亚、非、拉美大片土地变成殖民地。不少国家丧失主权，国土沦丧，割地和赔款算是轻的，亡国灭种的也不少，但世界上有两个国家没有失去主权。这就是奥斯曼帝国和中国大清王朝。

奥斯曼帝国的欧洲领土陆续丢失，北非土地也被占领，但帝国从未失去主权，要不是参与世界大战吃了败仗，这个帝国虽衰弱但未必会垮掉。即使被协约国占领，凯末尔领导的土耳其军人很快把协约国军队赶出安纳托利亚，又赢得了独立。

中国晚清经历两次鸦片战争、甲午战争、八国联军入侵，但主权是独立的,失去领土不多(损失最大的是赔款和部分权益的让渡)。就在清朝灭亡之后,中华民国北洋政府和南京政府仍然保持了国家主权独立,领土并没有被大片割占。1912年1月1日中国大地上就建立了共和体制,国土面积超过1 100万平方千米(包括外蒙),与欧洲面积差不多。

奥斯曼帝国和中国没有亡国,不是列强心慈手软,而是土耳其人的老祖宗和我们的老祖宗给我们打下庞大的基业——国土辽阔;是土耳其人和中国人不甘屈服,不畏强权;这两个民族有血性,敢抗争。能够与船坚炮利的资本主义大国开战,不是每一个近代国家都具备条件和实力的。签订条约,表明我们可以与强国讲条件,不能讲条件就是臣服。毕竟国家大、资源广,人才多。况且,不需要人人都是林则徐,有一个林则徐,就足以让鸦片贩子胆战心惊。不需要人人都是顾维钧,有一个顾维钧就敢于在洋人面前谈条件。不需要人人都是凯末尔,有一个凯末尔就足以率领土耳其人打败英、法、希腊等国军队组成的多国部队。

其实,近代的事情,问题主要出在内部。比如鸦片贸易,英国鸦片贩子纵然恶劣,但根本原因是中国有消费鸦片的市场。商人,肯定是什么有利可图就贩卖什么,关键是为什么把鸦片卖到中国?为什么在中国鸦片销路那么广?如果说英国的统治者心里想着要亡我中华,这是可能的;但普通的英国商人,哪有那么高远的志向。要知道,中国自康熙平定三藩之乱(1681年)到道光20年(1840年),共计160年的和平时期。对中国老百姓而言,太平日子很长,清朝统治者不允许他们过问政事，又没有良好的文化娱乐，自然而然变得萎靡、懒散，寻求精神刺激，赌博、吸食鸦片是一种消极的选择。

再说战乱造成的损失，也是内战之祸更为惨烈。太平军前后闹了14个年头，生灵涂炭，南京城里几次屠戮，政府军队为了镇压太平军和捻军，打了近20年的仗，死人无数。义和团的起义，清军的镇压，中国人自相残杀。再到后来，老军阀的混战，新军阀的混战，百姓连连遭殃。相比之下，鸦片战争、八国联军入侵、甲午海战都是局部作战，人员损失不太多。至少在日本全面侵华之前，内战之祸远比外国入侵带来的灾祸惨烈。

放在世界史的视野下看，近代经历的屈辱，我们自己的衰弱和混乱是外国入侵的根源。从近代以来的灾难中，我们有深刻的教训，应让民众世代牢记：落后挨打，闭关误国，开放才能与世界接轨。但不应当把“近代的屈辱”强调得过了头。我们的教科书中，用来激发革命激情的那些材料，应该有细致的解读、理性的阐释，不能让我们的后代觉得，吃过亏挨过打这件事我们绝不善罢甘休。无论是激发爱国热情，还是用历史教育后代，都要尊重历史事实本身，以大国的胸怀理性地思考问题，不夸大历史上的失败，也不抬高历史上的光荣。

历史时期土俄关系的两阶段

近来土耳其和俄罗斯之间的摩擦，引发了人们探究历史上两国关系的兴趣。网络上有文章以“俄罗斯与土耳其的恩恩怨怨”为题，概括两国之间的主要战争。其实，即便把两国关系的“友好时期”包括在内，“恩”“怨”二字并不能说明问题。

从两国的“历史阶段”来看，土耳其 1918 年之前是奥斯曼帝国，1918—1922 年被协约国占领，1923 年之后是共和国；俄罗斯 1917—1922 年为“苏俄”，1922—1991 年为“苏联”，1917 年之前与 1991 年后是“俄罗斯”。从奥斯曼帝国和俄罗斯第一次在战场上交手的 1676 年，到 1938 年凯末尔去世，土俄两国关系可分为两个阶段。1676—1917 年，奥斯曼帝国与俄国以“战”为主，多数时候处于“敌对状态”；1917—1938 年，土耳其和俄国新政权（苏俄、苏联）的关系以“和”为主，俄国新政权多次援助土耳其。

然而，苏俄（及苏联）给予土耳其物质援助和道义支持，土耳其领导人未必当作“恩”。俄罗斯当年以夺取黑海控制权为国策，俄土之间两个多世纪真刀实枪的较量，也不是简单的“怨”。擅长对外征服的奥斯曼土耳其人，遇到以扩张领土为目标的俄罗斯人，厮杀是必然的。所以不必为哪一方叫好，也不必为哪一方抱屈。

200 多年的兵刃相见，奥斯曼土耳其人屡战屡败

奥斯曼帝国与俄国 1676—1681 年的战争规模不大，俄国获利不多，土耳其损失也较小。1686—1697 年奥斯曼帝国与奥地利等国的战争，俄国也参与了，俄军还两次远征克里米亚。所以，1699 年奥斯曼帝国与奥地利、威尼斯、荷兰、波兰签订《卡洛维茨条约》时，俄国也是战胜国和签约国。1700 年俄、土之间签订《伊斯坦布尔条约》，俄国取得亚速和德涅斯特河地区。在彼得一世（1682—1722 年在位）和叶卡捷琳娜（1762—1796 年在位）时期，俄国多次向奥斯曼帝国用兵，18—19 世纪奥斯曼帝国和俄国之间冲突频发。

18 世纪两国之间的战争，规模较大的有以下几次：第一次是 1710—1713 年的战争。俄国向奥斯曼帝国宣战，并煽动帝国境内的基督徒民众反抗土耳其人统治。奥斯曼帝国应战。鞑靼人和哥萨克人合力反抗俄国人，俄国军队北撤。1711 年 7 月签订《普鲁特条约》。两年后，由于受到法国、瑞典、波兰等国的鼓动，奥斯曼帝国于 1713 年 4 月 30 日对俄一战，但这场战争匆匆结束，双方于 6 月 5 日签订和平条约。第二次是 1736—1739 年的战争。1736 年 5 月奥斯曼帝国与俄国开战，奥地利站在俄国一边。奥斯曼帝国军事准备不足，一开始就

失利。1737—1739 年的战争激烈，尼什、贝尔格莱德、亚速等城多次易手。最后签订《贝尔格莱德条约》，俄国撤军，但双方损失都很严重。第三次是 1768—1774 年的战争。起因是 1764 年俄国占领波兰，波兰求助于奥斯曼苏丹。苏丹在法国支持下要求俄国军队撤出波兰，俄皇叶卡捷琳娜拒绝，1768 年 10 月爆发战争，奥斯曼帝国损失较大。其中，卡尔塔尔战役中奥斯曼军队损失 2/3，奥斯曼苏丹最终被迫求和。1774 年 7 月 21 日两国签订《库楚克—凯纳尔扎条约》。根据条约，俄国占据原属奥斯曼帝国的许多战略要地。这也是奥斯曼帝国在 18 世纪所有对外战争中损失最为严重的一次。第四次是 1779 年俄皇叶卡特琳娜吞并了克里米亚。第五次是 1787—1792 年的战争，奥斯曼帝国失败，遭受严重损失，被迫于 1792 年与俄国签订《雅西和约》。

19 世纪两国之间除了 1806—1812 年的战争（土耳其站在法国一方与俄交战）外，规模较大的战争有三次。第一次发生于 1828—1829 年。希腊于 1821 年掀起反抗土耳其人统治的战争。俄国插手，与英国、法国等国一道，派军队参战。1827 年 10 月 20 日的纳瓦里诺战役中，英、法、俄的舰队打败奥斯曼政府的军队和埃及的海军舰队。1828 年 4 月 26 日，俄国向奥斯曼帝国宣战。奥斯曼帝国军队节节败退，第二年 8 月，俄国军队抵达帝国首都伊斯坦布尔附近，奥斯曼政府被迫求和。9 月 14 日两国签订《埃迪尔纳条约》（即《亚得里亚堡条约》）。第二次发生于 1853—1856 年，即从多瑙河战役到克里米亚战争。战争第一阶段（1853 年 10 月—1854 年 2 月），奥斯曼帝国单独与俄国作战，战场在多瑙河下游。俄国取得锡诺普战役的胜利后，要向伊斯坦布尔进军，英国、法国急忙派兵“保卫土耳其”。第二阶段（1854 年 3 月—1856 年 3 月），奥斯曼帝国、英国、法国、奥地利和撒丁王国共同与俄国作战，1854 年 8 月之前主战场在多瑙河下游，1854 年 9 月—1855 年 9 月在克里米亚半岛。高加索地区、波罗的海也是分战场。战争规模大，死伤严重，俄国惨败。1856 年 3 月 30 日签订《巴黎条约》。这是奥斯曼帝国与俄国的战争中来之不易的一次胜利，俄军南下控制黑海的计划受挫。第三次发生于 1877—1878 年，是巴尔干危机引起的奥斯曼帝国与俄国之间的又一次军事冲突，最终俄国获胜，奥斯曼政府被迫求和，先签订《圣斯蒂法诺条约》。后于 1878 年 7 月 13 日签订《柏林条约》。

200 多年间，俄国志在侵吞黑海沿岸土地，控制土耳其海峡，但始终未能得逞。能征善战的奥斯曼土耳其人，自从遇到俄国人之后屡战屡败，但土耳其海峡的控制权从未丧失。

转机：土俄两国迎来新时代

在第一次世界大战中，奥斯曼帝国与德国订立秘密同盟，与协约国为敌，在高加索和安纳托利亚东部又与俄国直接交战。1918 年年初俄国苏维埃政府退出战争，高加索地区的俄国士兵放下武器，陆续撤走。根据同年 3 月签订的《布列斯特—里托夫斯克和约》，苏俄宣布把卡尔斯、阿达罕和巴统归还奥斯曼帝国。不到一个月，土耳其军队就占领了这些地区。后来，奥斯曼军队在其他战场失利，不得不放弃高加索。根据

《摩德洛斯协定》,奥斯曼帝国被协约国军队占领。

从1919年5月起,安纳托利亚东部掀起民族解放运动,凯末尔领导土耳其人与协约国占领军展开斗争。1920年4月临时政府组成。凯末尔和伊诺努等领导者认识到,面对诸多强敌,依靠现有力量不可能取胜,必须寻找可靠的外援,于是把目光投向苏维埃政权。

从1920年开始,苏俄的外交政策中有一条是“支持亚洲各国人民的民族解放”,因此,苏俄领导人放下对奥斯曼土耳其人的成见。关键是,苏维埃政权从自身安全考虑,当时协约国占领奥斯曼帝国领土,英国持强硬的反布尔什维克主义态度,苏维埃领导人担心英国通过控制土耳其直接威胁苏俄,希腊军队在伊兹密尔登陆,更使他们的焦虑加重。

土耳其走近苏俄也是经过慎重考虑的。1920年4月12日,凯末尔写信给列宁,请求苏维埃政府对土耳其给予援助。契切林回信,赞赏土耳其人反对帝国主义的斗争,表达了对凯末尔及土耳其民族解放事业的同情,并表示要建议苏维埃政府考虑与土耳其建立友好关系。苏维埃政府采取行动,宣布放弃对君士坦丁堡和海峡的要求,也不赞成出现一个独立而强大的亚美尼亚。土耳其民族解放运动的领导人一致同意,土耳其应该寻求苏俄援助,甚至那些具有自由主义思想的人也同意从苏俄寻求经济援助和道义支持。

苏俄雪中送炭,诚心帮助土耳其

1920年7月11日,土耳其代表团抵达莫斯科,这是两国外交官首次正式会谈。苏俄准备与土耳其签订一个“友好协定”，不涉及军事，因为苏俄怕因此影响与英国贸易协定的谈判。两国分歧严重，谈判陷入僵局。高加索地区的归属问题也有颇多争议，最终双方作出了让步，达成和解，1921 年 3 月 16 日签订《苏土友好条约》。根据条约，苏俄不再承认伊斯坦布尔的苏丹政权，安卡拉成为土耳其唯一合法政府；奥斯曼帝国对俄国的经济义务被取消；两国之间所有条约被废除，并明确表示，在互利基础上建立平等互助关系，一方不侵犯另一方的领土。对凯末尔政府来说，这是重要的外交成就。凯末尔给列宁写了亲笔信。列宁也在莫斯科发表的演讲中说：“几天前我们与土耳其签订了一个和平协定，这将使我们摆脱在高加索地区无休止的战争。”1922 年 1 月，总司令伏龙芝访问安卡拉期间，签署了解决土耳其与外高加索边界问题的协议，两国关系的障碍被拆除。

从 1920 年起，土耳其不断得到苏俄的援助。《苏土友好条约》中苏俄明确表示为土耳其军队提供武器弹药。后来的研究者统计：1920—1922 年，苏俄对凯末尔政府的援助主要包括步枪（共计 39 275 支）、子弹（579 806 万发）、炮弹（132 097 发）、金币（1 100 万金卢布）、金子 200 千克、防毒面具（2 万具）、军刀（1 500 把）、驱逐舰（2 艘）、大炮（54 门）、机枪（327 挺）。苏俄还提供了数额较大的无息贷款，用于土耳其的民族主义战争和基础设施建设。然而，凯末尔在其讲话中却并未提及。

苏俄的物质援助和道义支持，是土耳其迫切需要的，因为当时孤立无援。后来,凯末尔政府逐步改善了与英国和法国的关系,可以不完全依赖苏俄政府。此时,土耳其以两国政府之间没有商业协定为由,不给苏俄贸易代表外交豁免权,并一度关闭苏俄在土耳其的贸易机构。1921年土耳其与英法等国关系最紧张时,同意按照苏土条约解决海峡问题,把西方国家排除在外。洛桑会议后,土耳其准许其他国家参与海峡问题,这一转变对苏俄是一个打击。土耳其与英法等国关系正常化,苏联政府没有办法阻止,只能继续保持与土耳其关系"平稳发展",苏联官方声明,把发展与凯末尔政权的关系作为外交重点。

土耳其与苏联的和平友好时期

土耳其共和国建立后,因为要进行经济建设,对苏联的依赖较多。1925年12月17日,土耳其与苏联在巴黎签订《友好中立条约》。这个条约反映了苏联的愿望,苏联新闻界一片称赞声。12月24日《真理报》发表声明说,条约巩固了"两国间长期存在的现实关系"。土耳其国内也盛赞这一条约。1935年,双方同意将中立条约延长10年。此后,两国间开展了广泛的交流与合作。凯末尔在1936年的大国民会议上专门就海峡问题向苏联保证:若爆发战争,土耳其不允许任何交战国的舰艇通过海峡而对苏联造成威胁。

土耳其共和国经济建设过程中,苏联的援助起了很大作用。1925年苏联就表示愿意支持土耳其,并建议土耳其政府采用一个五年经济计划。1927年苏、土订立贸易协定。1929—1934年,面对沉重债务和国内严重经济困难,土耳其再次寻求苏联帮助。1932 年 4—5 月，土耳其总理伊诺努率团再次访问苏联，两国达成一项协定，苏联同意给土耳其提供 800 万美元的贷款，用于购买最新类型的工业设备，并决定派出专家帮助土耳其。随后，大批苏联专家来到土耳其，要帮土耳其初步建立完整的工业体系。

1934 年 1 月，在苏联的帮助下，土耳其正式启动第一个五年计划，重点是轻工业领域。1935 年，由苏联援助的纺织工厂在土耳其开业。有苏联的全力帮助，土耳其民族工业发展起来，也渡过了经济难关。土耳其也仿照苏联模式，从 1937 年开始在农村建立集体农庄，但不成功，不久就取消了计划。

凯末尔向往西方，土苏分道扬镳

土耳其与苏俄（及苏联）关系最好的时期，意识形态问题仍影响着两国关系的发展。得到援助，土耳其求之不得，但土耳其共产党的发展让凯末尔非常警惕。凯末尔担心苏联通过帮助土耳其共产党来反对政府，政治上与苏联保持距离，并坚决压制国内共产党组织的活动。

土耳其的共产党，接受共产国际领导，响应莫斯科的政策。而凯末尔要在土耳其建立西方式的自由民主制度，排斥苏联社会制度和意识形态，不希望苏联式的革命在土耳其发生。遏制土耳其共产主义运动是凯末尔的基本策略，但考虑到苏俄（及苏联）援助对土耳其的重要性，土耳其起初没有采取严厉措施。

不过，凯末尔也曾有积极应对的打算。比如，凯末尔在

1920年年底设想创立一个听命于民族主义政府的共产党组织，受官方控制，不让这个组织与共产国际有实质性的联系，甚至不让它卷入政治行动。建立这样一个共产党组织，唯一目的是，向苏俄表明土耳其对苏俄共产主义非常友好，以此取得苏俄信任。当然，也可以借此排斥土耳其共产党的活动。土耳其共和国成立后，政府对国内的共产党采取压制和打击。1925年3月，土耳其政府出台法律，控制工人组织及其活动，共产党的部分期刊被禁止出版。1929年8月5日，凯末尔在演讲中表达了抵制“共产主义”的明确态度。土耳其共产党的刊物《共产党人》撰文反击，称凯末尔政权“已经抛弃了它最初的反帝国主义的主张”。土耳其共产党计划于1931年直接攻击凯末尔政府，但苏联不希望两国关系因此受影响。

总体来看，意识形态的差异是两国关系发展的障碍。凯末尔向往西方的政治制度和经济管理方式，而苏联的共产主义思想和运动，会刺激土耳其党的发展和壮大，这是凯末尔等领导人不愿看到的。土耳其政府需要苏俄（及苏联）的援助，但同时要抵制共产主义影响，所以两国关系不可能持久。1938年凯末尔去世后，继任者伊诺努虽然声称不改变与苏联的友好关系，但重点强调与英、法等国发展关系，苏联对土耳其外交政策的疑虑增加。第二次世界大战结束后，土耳其向西方靠拢，1947年接受美国财政援助，1952年成为“北约”正式成员国。土耳其与苏联的关系破裂。

（本文曾在“澎湃”新闻网“历史”栏目发表）

识史终为辨是非

——读程万军《看透日本》

从2012年夏末秋初到现在，因“钓鱼岛事件”引发的中日争端非但未能缓解，有时反而出现剑拔弩张之势。即使平常对国际风云不关心、对日本问题没兴趣的人，一年多以来也睁大眼睛，注视着中日之间这场持续的较量。起初人们也许只想了解钓鱼岛问题的来龙去脉，后来需要探究中日关系为何变成这样，如今不少人想弄明白：日本究竟是怎样的一个国家，这么做到底想干什么。忝列世界史教师队伍中，不时碰到有人拿日本历史和中日关系问题问我。其实自己仅对中东史有一点研究，对日本史只能作介绍。退而思之，不见得人人都去研究日本，可以推荐好书给他们。问题是，推荐什么书合适呢？学术专著、论文、时政评论各有特色，但有的太专太深，有的太简单。吴廷璆的《日本史》很权威，但1 200多页的篇幅，像砖头一样厚；孙乃民主编的《中日关系史》有三卷，也不通俗。据我了解，翻译成中文的《日本史》就有三种（作者分别为坂本太郎、托特曼、麦克莱恩），仅适合世界史专业的学生读。

最近读到程万军的《看透日本：一衣带水向何方》（中国经济出版社 2013 年版），觉得这本书可以推荐。作者程万军的专业是日本语言文学，长期从事新闻、文化评论工作，是媒体人，但他熟读史书，善于深入思考，著有《逆淘汰：中国历史上的毁人游戏》《破解中国历史十大死结》等书。关于《看透日本》（以下略去副标题），作者自己说："本人无意做哪方面的'权威专家'，只乐做一个历史和现实的'常识普及者'。本人写此书的目的，不是为了鼓动中日交恶，而是希望两国或始终把握'强文明'的正确走向，或为本国文明的发展找到支点。"其实，作者追求的已经是崇高的目标，做一个'常识普及者'不容易，成功的"常识普及者"也不多。程万军的《看透日本》有如下特色：

一、《看透日本》表达的是作者严肃的思考

书中纵谈历史，分析现状，并对未来有简要的勾勒，其主体部分立足现实问题来探究这些问题的历史根源。在这本书中，作者提出大大小小 20 多个问题，并逐个进行了解答。阅读《看透日本》就会发现，这些问题可以分成两类，一类是综合性的大问题，一类是具体的或者单个的问题。综合性的问题主要有：（一）日本历史上尊崇汉唐文化，后来为什么又蔑视中国？何时出现这种逆转？（二）近代日本为什么倾心德国，认真仿效德国？日本决心"复制"德国的动力是什么？为什么日本的仿效能取得成功？（三）中西文明在何时拉开差距？因何

故拉开差距？（四）近代化过程中，如果说传统文化起主要作用，为什么“武士道”拯救了日本，而“仁道”不能拯救中国？如果说外来因素起主导作用，为什么日本的西化改革迅速成功，而中国晚清的一系列改革不成功？（五）日本为什么在甲午战争中轻易打败了中国？“东洋”为什么能轻易“制华”？（六）如果说日本的崛起是因为有“和魂”，那么，“和魂”的本质是什么？（七）中日两国为什么不能像英美那样建立长久的同盟？中日之间不能互信的根源是什么？（八）日本“军国主义”会不会死灰复燃？当今世界有没有“军国”表演的舞台？以上这些都是有深度和广度的问题，是日本史、中日关系史、世界史的大问题，实际上属于学术问题。解答其中某一个或某一类问题，就可以成就一部学术专著。《看透日本》提出这些问题，表明作者虽不搞学术但具有学术思维。试图解答这些问题，表明作者长期广泛地涉猎，深入地思考；否则，不敢铺开这么大的摊子。

二、《看透日本》涉及面宽，立意宏大

读《看透日本》的第一个感觉是，书中勾勒了“日本文明史”，以重大事件为核心回顾了“中日关系史”，同时穿插了“日本与欧美关系史”。讲这三个层面的历史，需要有世界史的知识储备，否则难以把握。作者在书中提出了一连串具体的问题：近代与中世纪以什么为分水岭？英国的制度为什么成为全世界的楷模？英国凭什么征服了世界？日本启蒙思想家福泽谕吉传授给日本人的“人生真谛”是什么？1945 年之前的日

本算不算文明国家？为什么日本当政者信奉“丛林法则”？希特勒为什么选择与日本结盟？美国为什么能打败日本？二战后为什么日本没有迎来“第三次世界大战”？日本为什么不向中国道歉？美国为什么纵容日本“向右转”？要回答这些问题，必须熟悉世界近现代史，长时间关注日本的历史和现实，并了解当代国际政治的特征。由于这些具体问题与前述八个综合性问题有紧密关系，属于“进一步追问”，所以结构上放置于八个大问题之下，并不显得散乱，反倒增加了本书的深度。

三、《看透日本》既综合了各家之说，也提出了独立的见解

写关于日本的书，不能“跨过”现有的成果（学术著作、论文、时评等），也不能对各家的观点视而不见，这就需要对比、综合，择优从善。问题是，针对每个问题都有多种说法，取舍很不容易。《看透日本》的作者驾驭能力强，遇到争议性问题，不纠缠枝节，直取成熟的方家之论，大开大合，主脉贯通，结论清晰。比如，从日本文明史的角度，简要概括日本走向现代社会所跨过的几个“台阶”：学习唐代制度，“大化改新”后进入封建时代；抛弃儒家文明而吸纳西方文明成果，明治维新之后进入资本主义时代；战后被美国改造，变成宪政国家。又如，从中日关系史的视角，《看透日本》选取了几个事例，表明日本在宋代以前服膺中国文化。日本人后来为什么蔑视中国，《看透日本》的主要观点是：明清政治腐败，社会停滞并在一些方面出现倒退。从日本与欧美国家关系的角度，作者选取典型例

证，通过实例说明：日本从英国学到了议会制，即“万事决于公论”，从德国学到强国之道，也学到了“征服欲”；日本掌权者具有赌徒的特征，一旦遇到“国家精神不受狂人操控”的美国，必然失败；如今美国要重返亚太，纵容了日本右翼。上述观点大多数不算新鲜，但作者运用得恰到好处，使《看透日本》显得厚实、有分量。

毕竟《看透日本》谈论的大多是老话题，要“新意迭出”很难。不过，作者还是提出了不少独立见解。例如，作者花费较大功夫、占用较多篇幅探究“和魂”。从日本的文化传统、思想家的启蒙、外来因素的刺激等方面，全面分析了“和魂”及其核心“武士道”，并选取反面教材——“无魂魄”的满清帝国作对比，得出如下结论：日本的“和魂”是“水性文化”与“刚性文化”的混合体；日本人在“自强”时，显示“和魂”的刚性，在“崇洋”时，显示“和魂”的水性；水性与刚性相通的“和魂”，形成了日本“求是”的态度，使战后日本迅速崛起；刚性文化决定了他们不愿意向弱者真诚道歉，水性文化决定了他们跟征服者亲如一家（《看透日本》第 221 页）。又如，作者对中日关系现状有独到的看法，指出：“未来日本成为军事强国的可能性大，‘军国化’的可能性小。”“日本‘极右翼’上台，会给中国海防安全蒙上一层阴影，非常有必要警惕；但无须把这种担心扩大化，变成对‘日本军国化’的焦虑”（《看透日本》第 284—285 页）。这些观点值得重视。再如，作者引述芥川龙之介的《中国游记》，说明日本人来中国看到的脏乱差，与中国人去日本看到的良好风貌形成对比。进而指出：前者是“乘兴而来败兴而归”,后者是“乘兴而来满意而归”,其结果可想而知。这种从细微处见差异的方法,是让人欣赏的学问之道。

四、《看透日本》的语言生动、活泼、趣味化

《看透日本》忠实于历史,也是严肃的讨论历史问题,但运用“当代的活语言”,让读者感受到,千年史事可以在眼前活现,一个世纪前的风云人物,原来是那样优秀而又古怪、勇敢而又简单。所谓“当代的活语言”,即人们生活中正在使用的生动、活泛的语言。《看透日本》中既有文学语言,也有大众传媒的用语,还夹杂着网络语言,读起来感到轻松、洒脱、幽默。读《看透日本》会觉得像热血青年们在一起谈论大事,谈话内容是严肃而凝重的,说话语气却有棱有角、鲜活生猛。书中的大小标题如:“抹不去的胎记”“二弟情结”“大哥易主”“七十年一惊蛰”“潘多拉之盒”“蒙古刀与日本刀的两番碰撞”“希特勒与东条隔空‘拉手’”等,情趣横生,妙不可言,研究历史的专家想不到,也说不出来。易中天曾有个说法,大意是:戏说历史是不负责任的,但历史可以妙说、趣说。确实,妙说和趣说拉近了作者与读者、讲述者与听众的距离,便于历史的普及,也是一种升华。《看透日本》通过妙说和趣说,较为准确地传达了作者对中日关系史的思考,对日本历史和文化的理解。

五、《看透日本》提供了一种“反观自身”的导向

对待历史,中国人有两种态度:一是不断地讲自己的老祖宗如何“阔”;二是近代被外国人欺负了,随时撩起衣服让侵略

者的后代们看伤疤。我们缺少的是一种"反观自身"的勇气。就中日之间100多年的历史恩怨来说,我们是占住理了,但问题在于,不占理的一方始终不向我们低头,其中的原因必须弄清楚。《看透日本》强调两点:第一点,日本人不再高看中国人,甚至蔑视、鄙视中国人,问题出在我们自身。因为明清两代政治腐败、学术虚伪、社会停滞,确实没有什么值得别人尊敬的地方。第二点,"和魂"的核心是武士道,一种恃强凌弱的精神。这种精神决定,日本人只有心服口服时才认输,而对于自己瞧不起的对手根本不服软。在日本人眼里,1945年战败投降是日本败于美国和苏联,并没有败给中国,压根儿不必向中国认罪。所以要看清问题的根本。

《看透日本》提供的思考导向是:反观自身。书中有几处资料列举日本人批评中国落后,甚至"蔑视"中国的言论。这些批评戳到我们的疼处,初听起来不顺耳。倘若我们心平气和地听这些言论,就会发现,不同时期的日本人对中国的批评,并不是无的放矢,也不是故意污蔑,他们表达的看法符合事实。例如,西乡隆盛批评中国,"自孔子之后,历八十余世而不进步"。事实是我们从秦汉至明清只有朝代更替,没有思想进步。板垣征四郎说,清国不过是"一个拥有自治部落的地区加上了国家这一名称而已",这个说法难道没有一点道理?吉田松阴认为,满清被英国打败,"盖由纲纪废弛,而贤才不用,操习不熟尔"。学术界几十年研究鸦片战争的失败原因,结论不也是如此吗?日本驻朝公使大鸟圭介说,清廷"自甘愚陋","遂造成一般麻木不仁之官吏",这也是晚清的真实写照。日本海军统帅伊东佑亨写给丁汝昌的劝降书中，明确指出清朝与日本的差距不仅仅在战舰和战技上，而是在制度上，如果中国不能“去旧更张”，必然要败亡。历史很快验证了伊东佑亨的看法。

中国人不懈追问“日本为什么不向中国道歉（认罪）?”资中筠曾有《日本为什么认罪这么难》一文，讲到了三个原因，其中一个是“中国人反躬自问”。文章指出，“中国人自己不争气”，“对待这个问题的原则不一贯，进退无序”。比如，日本投降后，国民党政府为了对付共产党，不但不让日军缴械，还要作“有效防卫，以待国军接收”。资中筠进一步指出：就现在来说，倘若“日本需要中国的贷款、投资和技术而不是相反，可以断言，日本朝野对中国的态度必有所不同，翻历史案的逆流不会这样嚣张”①。《看透日本》也有相似的结论，即中国人要有强者心态，要像美国那样努力发展自己，拿出全面的优势，让日本人甘拜下风。可见，作者对日本这个邻居的研究是很深入的。

概而言之，《看透日本》的特点是信息量大，问题意识强，用通俗而流畅的语言，综述各家之论，表达独立见解，值得一读。当然，由于涉及面宽，《看透日本》的主线虽然清晰但结构显得松散。比如，讲到日本伊藤博文留学英国，追溯英国的历史，从中世纪到君主立宪，再到工业革命以及征服世界，占据的篇幅偏多。其实，日本的“西化”直接学习德国，间接学习英

① 资中筠：《日本为什么认罪这么难》，见《坐观天下》，广西师范大学出版社2012年版，第80—88页。

国，应该把德国如何吸纳英国工业革命的成果，如何改造议会制度等内容多谈一些，说服力会更强。又如，讲到中国明清两代的政治腐败、文化遭受摧残，分析很有深度，但这部分的篇幅也显多，尤其增加了清王朝与奥斯曼帝国的比较，拉得有些远了。还有，书中第一次出现“偏激出狂人，但不出靠谱政治家”（见194页），是针对墨索里尼、希特勒和东条英机，第二次出现“偏激出狂人，但不出靠谱政治家”，并列为小标题（见272—282页），是指小泉纯一郎、石原慎太郎等当代日本政治人物。首先，这种说法出现重复，其次，两处指代不同时期、不同国别的人物，用词有些不太切合。以上这些，是《看透日本》的不足，如能在再版时改进会更好。

（写于2014年）

讨论著述问题的通信

几年前，我与远在巴基斯坦访学的田文林博士通信，谈论的话题宽泛，但主要涉及各自的研究，尤其是著述的问题。过后仔细翻看邮件，觉得当时的谈话很有意义。也许是我在过寒假，他在国外也心静，我们都有“闲情”奢侈地享受自由空间，谈话放得开的缘故。

把信件编号（田文林的来信在信末已注明），省去称谓和客套话，摘录如下：

一

真的有好长时间没有联系了。这个时候收到你的来信（略），真是意外惊喜。

我现在是在巴基斯坦访学，估计得到六七月份才能回去。尽管巴方尽力给我们安排好，但从国内标准看，条件还是一般。现在也没什么特定任务，学学外语，看看闲书，倒也逍遥。只是年关将尽，而这里冷冷清清没有一点过年的感觉，让人很是思念国内的一切。

在学业研究领域，去年我出的东西不多，而且与中东问题好像越离越远。不过我相信最终还是要回归中东研究的。我在华声在线有个博客，近两年一些学术性的东西，基本都贴上去了。如有兴趣，不妨上去给我些指教。（田文林）

二

你博客上的文章我浏览了。我对其中几篇有简短评论，不过，评论没能上传，窗口提示是“等待审核”。

你的文章视野开阔，很大气。我喜欢这样的文章。

可惜，我自己的文章越写越小，几乎变成鸡毛蒜皮的考证了，惭愧。

去年一年我也没有写多少东西。我觉得自己的知识结构有欠缺，几个月来阅读了一些经济学和社会学的书，为的是给自己充电。原来的一点儿知识库存，实在不够用啊。北师大刘家和先生有个经典的说法：“等你们评上教授后，就可以开始做一些学问了。”先生主要是说：一个在高校工作的人，不被评职称的压力所累的时候，才能毫无功利地做一点东西。我侥幸于 2007 年拿到高级职称，准备静下心来做一些东西，忽然发现脑子里空空，不知道从何处入手，只能先读书，再考虑下一步做什么。

三

评论已经拜读，感谢对拙文的中肯评价。

我很同意你的看法,当没有功利目的压身时,才有可能做点真学问。几年前我到这个单位后,觉得不像过去那样急于去写文章,因此有可能思考一点有价值的问题。几年来,别人的点拨,阅历的增长,加上自己的领悟,觉得还是“窥到”了一点学问真谛,但苦于时间不够和功力不足,总觉得所求甚大,所差甚远。

之前本来想做一点关于奥斯曼帝国的大东西,也读了些书,但读了三义兄《英国在中东的委任统治》后,忽然觉得有些畏难起来。直到现在仍犹豫不决。(田文林)

四

关于我写过的那点东西,你过奖了。近期阅读非历史专业的书籍,我感慨颇多。我学历史 20 余年,自以为热爱读书,喜欢思考,并对某些历史事件或文化现象产生了一些自诩为“深刻”的认识。但读了经济学的书才发现,经济学基本原理中就讲这些,完全是经济学常识。也就是说,我从历史学中花费几十年才悟出的道理,经济学系的一年级学生都知道。也可以推想,其他学科的研究者自以为深刻的认识,读了历史书就会发现,历史学入门的书中就这样讲了。可见,变换着角度去看问题是多么重要。

五

忽然觉得,远隔万里,却能这样静心交流心得,真是件愉快的事。

学问之道就是求真，而这些个真理，可能在不同的历史时期、不同的学科中，已经被用不同的语言反复地诠释过。比如国际政治而言，早在2000多年前，修昔底德在《伯罗奔尼撒战争史》中就已经将国家间冲突的根源作了最经典的概述，后人所做的，不过是使之更加精致、理论化罢了，甚而可能是误入歧途。由此推断，学术创新实在是件不容易的事。不过，聊以自慰的是，不同时代会面临不同的紧迫课题，作为学人，如果能直面这些难题，给出好的答案，就该算功德无量了。不知三义兄以为如何？（田文林）

六

从你所谈的体会，我还想到学科发展中类似的问题。比如哲学，古希腊哲学家、古印度哲人、中国先秦诸子的思想所达到的高度，后世几乎就没有超越，后世的哲学往往就是阐释、解读古圣贤的学说。又如经济学，亚当·斯密、马克思、凯恩斯的深刻认识，当代学者超越得不多。然而，哲学和经济学并没有停止或衰退，相反在不断发展、不断繁荣。关键在于，时代在进步，新时代不断提出新命题，前辈学者的认识无论多么深刻，都不可能预知今天的新生事物和社会的新变化。所以，学科的发展是不可阻挡的，学术创新总能迎接时代潮流。我要强调的是，我们研究问题，主要的难处不在于问题本身有多么复杂，而在于我们的认识和分析能力不足。毕竟我们受专业分工的限制，多年所受的教育形成惯性思维，加上专业研究的训练，要取得突破很不容易。

七

你上一封信中提到,你曾准备研究奥斯曼帝国。不知你从哪个方面入手?奥斯曼帝国几百年的历史中,值得研究的问题很多,至少有许多“富矿”可挖。不过,我曾两次申报国家社科基金项目,题目都是有关奥斯曼的,可惜均没有获得立项。2007 年报的题目是《近代世界体系中奥斯曼帝国与西欧关系的演变(1875—1918)》,2008 年的题目是《晚期奥斯曼帝国社会变革中的少数利益群体》。后一个题目是根据我导师黄民兴教授的建议拟定的。黄老师说,奥斯曼帝国境内的希腊人、亚美尼亚人、犹太人、基督教商人是“非主流群体”,但代表资本主义先进生产力,是奥斯曼帝国社会变革的重要力量,值得深入研究。由于没有获得立项,我打算放弃,黄老师不让我放弃,鼓励我做下去。但我一直没有动手。我目前一是读闲书,二是思考一些不费脑筋的问题。

八

你说也在思考奥斯曼帝国,让我觉得颇有点英雄所见略同的欣喜。确如你所说,奥斯曼帝国研究应该有许多富矿可挖。我是搞国际政治的,因此对奥斯曼帝国的兴趣并非主要集中在历史本身,而是因为该帝国解体对中东政治产生了重大影响。因此,我的研究可能更多是从服务现实出发。实际上,围绕这个题目,我已经酝酿了一年多时间,并积累了大约 10 多万字的草稿。但现在因为一些结构性问题没有想清楚,此外，有时我也困惑，也许在我看来十分新鲜的话题，对一个熟知该段历史的历史学者来说，是否早已是常识性的东西。因此，近一年来对该问题又日渐懈怠。

不过，这些天在巴基斯坦，我正在读一本相关题材的英文书 *The Great Powers and The End of the Ottoman Empire*。历史方面的著述，比国际政治方面的还是更厚重。

上次写信我谈了一点对学术研究的个人看法，简单说来，就是现实取向，包括对奥斯曼帝国的关注也是想能否探求或总结出一点有现实启示的历史规律，进而对理解中东政治，乃至理解中国当前的发展提供有益的借鉴。可惜的是，我至今没有发现一个特别好的阐释角度。

我觉得你文中提到的两个题目都不错，不过就我个人看来，2007年报的题目可能会更有研究价值。说得多一点，有价值的东西并不一定非要得到课题的资助才能开展，想想当年马克思写《资本论》、司马迁写《史记》都没有申报任何课题。感兴趣就去尝试，这是我目前写大块文章的主要动力。

一己之见，仅供参考。（田文林）

九

你关于奥斯曼帝国的思考非常有价值，我希望你认真做下去。

至于我自己为什么强调申请课题立项，不是为了得到那点经费，我要告诉你一个真实情况：没有外界因素的逼迫，我无法去做任何大块的研究。我完成的那两本书，一个是博士论文,时间紧、任务重,我被迫完成了;另一个是博士后研究报告,不得不在两年内完成,否则不能出站。奥斯曼问题申请课题立项,一是单位给教师规定了课题任务,二是为了督促自己,如果得到立项,要在规定时间完成课题,我会努力做出来。否则,无论多么好的选题,我拖10年也做不成。不怕你笑话,我在别人眼里很勤奋,实际上不是那么回事。我只是喜欢广泛阅读而已,并且耽于幻想,搞深入细致的历史研究,确实是考验我的耐心,但我靠历史专业吃饭,只能寻找“外力”,让“外力”打破我的惰性,打消我的各种幻想。

我并不是不喜欢研究,也不是讨厌历史学科。我对学问也有追求。问题是,我不想遵循着现有的历史研究方法和思路去做研究,但我暂时没有能力自己创造出新的研究方法。也就是说,按照现成套路我不愿意去做,适合自己的新套路短期内找不到。仿佛眼前有几扇门,一扇门自己可以随时出入,但不打算总是重复跨进那一扇门;其他的门从未进去过,不知里面是什么,有诱惑力但我不愿意毫无准备地贸然闯入,只能在门前踌躇。偶尔有人推一把,我会进入原来那扇门,但做完规定的任务后很快会退出来,继续徘徊。

十

非常理解你的心态。惰性每个人都有,我也经常面临这种情况。想一想,没有很大的外部压力,穷经皓首、主动去做一件繁复艰难的研究工程,确实非常不容易,尤其是历史方面的课题。

我认识一些学历史出身的人，都曾面临如何突破研究瓶颈的困惑。时殷弘先生也是搞历史出身，他认为，历史研究的首要任务是发现历史铁律，其次是经世致用，再次才是个人情趣。我认为他说得很有道理。历史讲究才、学、识。这里讲的发现规律，应该更多指的是“识”吧。当然，发现历史规律谈何容易。

我是学政治的出身，历史功底有限，近年来随着研究深入，越来越感觉掌握历史知识和探求历史规律的重要性。这也是我突然对奥斯曼帝国研究产生了兴趣的原因。去年我也曾申报了相关内容的课题，可并未获得资助。加上理论阐述面临瓶颈，所以至今没有全力投入。结果导致研究兴趣点越来越偏离主业，现在竟然日趋转到国际战略方面去了。这种做法并非长久之计，长远看，似乎还得重返中东研究。（田文林）

十一

你第一封信中说，你在巴基斯坦没有必须完成的具体任务，还算悠闲，所以我就连连给你发信。其实我也是趁着寒假，与你共享这段书信往来的美好时光，开学后可能就顾不上了。你的建议对我很有帮助。

其实，以目前的套路往前走，一辈子饭碗不用愁；但我还是有点不甘心。我记得初读布罗代尔的《地中海与菲利普二世时代的地中海世界》时非常激动，我惊诧于布罗代尔的奇妙构思，佩服他的大胆创新。我也欣赏爱德华·吉本的《罗马帝国衰亡史》和丘吉尔的《第二次世界大战回忆录》的优美文笔，沉醉于他们描绘的生动鲜活的历史画面。

也许早年阅读留下的印象太深，所以内心深处总有两种希望：要么寻找新的研究方法（哪怕是一点点突破），要么花费较长时间写一本受读者欢迎的历史书。当然，这两个愿望有可能全部落空，但处于幻想阶段总感到兴奋。现在的高校给教师规定了科研任务，我深知饭碗的重要性，所以还得完成任务。但我所幻想的目标需要多年默默的努力，俗话说："长人参的土地十年不长草。"必须耐得住"不长草"的荒芜和寂寞，方能等来"长出人参"的收获。我从来不奢望天上掉馅饼，忍受寂寞对我来说不是什么难事。

十二

我们这里的网络信号时断时有，我已经有五六天没有上网了。不过总的来说，通过电子邮件交流思想，还是让人有天涯咫尺、倾盖如故之感。说起来还真得感谢现代通讯手段的发达。

非常同意三义兄的看法。人在江湖，身不由己，在很大程度上，工作（包括研究工作）不过是个养家糊口的饭碗，为此，一个时期内不得不拼凑数量，做一些实际价值不大的应景性文章。这也不能苛责。但我总想，人生设计不妨有点战略眼光，有点比较高远的志向，立志做一件大事。对矢志从事研究的人来说，就是设法做出最能代表个人水平乃至可以传世的经典之作。因此，人只要有心，虽常有俗务缠身，但零敲碎打，日积月累，或许最终真的能做出非常像样的东西。就像黄河虽经九曲十八弯，但最终将东流入海一样。当然，践行这种志向，也是件充满风险的事情，它意味着牺牲很多东西，但最终

结果如何，仍很难料定。这不是一般人能做到的。（田文林）

十三

关于学问，我觉得国内学界最大的问题是缺少真正的论辩。

在阅读有关法国年鉴学派的书籍时，我感受最深的是，该派创始人费佛尔和布洛赫创办《年鉴》杂志之初，经常不停地讨论，甚至长时间地辩论。费佛尔是沉默寡言的人，但为了学术问题，辩不明白不罢休。他们的年鉴杂志倡导跨学科的综合研究，因而引来了不同学科的反对者和批评者。《年鉴》编辑部的大门一直开着，费佛尔耗费了大量的时间与批评者辩论，在辩论中，本来模糊的目标变得清晰，本来没有想透彻的问题，经过反对者的提示和启发，逐渐变得透彻。

再看中华民国时期的学者，也是通过辩论甚至论战，标新立异，昌明学术。"革命"与"改良"的论战、"西学"与"国学"、"问题"与"主义"的论战等，无不促进新思想的形成。

我们现在的情况是：一般的书评说尽了好话，根本起不到促进学术的作用。以前常说，批评别人容易，接受批评难。现在看来，接受批评困难，批评别人更困难。中国人都爱面子，爱听好话，所谓的"欢迎批评指正"，往往是客套话而已。网络本是一个很好的平台，但网上的批评常常变成谩骂，什么粗话都有。有一次翻看经济学家茅于轼的博客上的文章，觉得茅先生的文章非常深刻，但在"网评"一栏，映入眼帘的是"茅于轼这个老匹夫在放狗屁"。还有更难听的脏话，实在让人吃惊。何时才能有心平气和的讨论和学术论辩呢？真不敢奢望！

木心的文学史是一部世界文化史

几年前就得知一个信息：陈丹青在纽约期间，10多个画家凑在一起，请木心讲《世界文学史》，一讲就是5年。我读过陈丹青的4本书，《多余的素材》《退步集》《荒废集》《笑谈大先生》，觉得好极了。陈丹青在美国18年，还有一位师尊，笔名木心（本名孙璞），不仅听过5年课，而且有20多年交情，这个信息撩拨了我的好奇心。木心先生都讲些什么呢？陈丹青是否录了音？因为不认识陈丹青，也不认识他的熟人和朋友，所以无处打听，只在心里惦记着。上个月某一日闲逛书店，忽然眼前一亮：木心讲述的《1989—1994，文学回忆录》，还真有木心的"世界文学史"课堂笔记？没错，两大本，上册封面粉红色，下册橘黄色，书名和作者是繁体字，里面正文是简体。是陈丹青的听课笔记出版了，简直不敢相信！

一

记得上大学期间，我在梁启超文章里读到一个细节：梁启超自述他第一次听康有为的课，感到“冷水浇背”“当头棒喝”。经他这么一说，就渴望知道康有为究竟讲了些什么。可仔细一想，100 年前的事，怎能留下听课记录呢，渐渐就不再想了。去年偶尔在书店里看到一本《万木草堂口说》，是康有为弟子的听课笔记，喜出望外。毫不迟疑地买了书，拿回去读。梁启超被康有为的第一堂课搞懵了，是由于巨大反差。他是举人，康先生只是秀才，但康先生讲的他从来没听过，因为他从小读的，都是应试技巧之类，不是什么学问，故而惶恐。我读完《万木草堂口说》，并不感到震惊，却庆幸有机会“听”康南海的课，感到福分不浅。

自从记下木心纽约讲课的事，时不时会想起。然而，每天有许多事要忙，时间一久，《世界文学史》是否留下记录的事，也就不再急于打听了。直到真的在书店里看见《文学回忆录》，我随手翻翻，就放不下了。现在的书店条件好，有坐的地方。我坐下来读了两篇，一篇是《希腊史诗》，一篇是《最后一课》。书店工作人员说要下班，我把书放回书架。晚上在网上购书，隔一天就收到书。用几天时间读完，然后是回味，发呆，偶尔再翻到某一讲，重读一遍。心里想着，一次读完，太浪费，需要慢慢看，不知不觉通读两遍。

“我讲世界文学史，其实是我的文学回忆录。”这是木心的话，所以陈丹青的课堂笔记不叫《世界文学史》，而叫《文学回忆录》。我阅读这两册书，不是当作世界文学史，而是当作“世界文化史”。木心洋洋洒洒讲正题 83 讲，“开课”和“最后一课”是独立的，合计 85 讲，除了文学，涉及历史、哲学、艺术、宗教，信息量非常大，内容有深有浅，完全溢出“文学史”之外。

二

《文学回忆录》明显涵盖不同层次的信息：第一层，文学史基础知识；第二层，重点讲解和分析的数十位作家及其代表作品；第三层，木心的文学史观，即他对世界文学史的理解和看法；第四层，木心的艺术观、历史观、宗教观、世界观；第五层，木心个人的世界文学史，以及世界文化史中的木心。

木心《世界文学史》课程的独特处在于“具体信息”和“广博学问”的穿插，“浅近”和“深邃”的结合。听课者缺少世界史知识，木心不得不作题外的补充，给听课者“扫盲”。比如讲希腊罗马神话，虽面对的是画家们，但还得讲故事，像对待小学生一样。可能是调节课堂气氛的需要，几个故事中间，还插句幽默的话，如“希腊神话真是美丽而糊涂！”木心在介绍作家和作品时，顺便要介绍历史背景，如卡夫卡生在奥匈帝国，需要解释“奥匈帝国”是个什么样的国家。由于面对的听众是熟人、朋友，木心讲着讲着也会“卖弄”一下，忍不住透露一些“不该说的大话”。陈丹青还给认真记下来，如今向大家展示。

在 83 讲中，单从文学史知识看，内容铺得开，信息量大，但篇幅不匀称。

古典文学 4 讲，内容是希腊罗马神话、希腊史诗和悲剧。中世纪文学 30 讲，其中基督教文学 4 讲，主要讲《圣经》的《旧约》和《新约》，不仅仅谈文学，更多涉及历史。中世纪欧洲文学 1 讲，文艺复兴和莎士比亚 1 讲。东方文学共 24 讲，除了印度的宗教和史诗、波斯文学、阿拉伯文学、日本文学，其余都是讲中国的文学和文化。中国古代文学，从《诗经》讲到曹雪芹的《红楼梦》，占其中14讲半（印度史诗和中国《诗经》合一讲），却涉及“中国古代的历史学家”“先秦诸子”“谈音乐”。先秦诸子就有3讲，哲学和思想，大大超出文学。

17世纪、18世纪的欧洲文学，按历史分期，应划归近代欧洲文学，而中国明清文学，19世纪中叶以前都算古代。如，弥尔顿（1608—1674年）、高乃依（1606—1684年）是17世纪的，算欧洲近代文学家，而姚鼐（1731—1815年）、李汝珍（约1763—1830年）是18—19世纪的，算中国古代文学家。《文学回忆录》把19—20世纪世界文学放在下册，共45讲。算上17—18世纪的4讲（见于上册），世界近代和现代文学，木心共讲了49讲。

木心讲19世纪的世界文学，以国别为单元，英国文学4讲，法国文学5讲，德国文学和俄国文学共4讲，北欧和东欧文学合起来2讲，爱尔兰文学、美国文学、中国文学、日本文学各1讲。木心讲20世纪世界文学，则按照流派、风格来讲。象征主义、未来主义、意象主义、存在主义、黑色幽默、魔幻现实主义等，这是“世界文学史”必须讲的，单从讲题目录看，《文学回忆录》这一部分并不新。不过，木心的特色，一是专门讲“影响20世纪文学的哲学家”（分两次）；二是对萨特、加缪的重点分析，发挥较多；三是所讲的内容篇篇精彩，新意迭出，适于细读慢嚼，用心品味。

世界文学史，可以有多种讲法，木心的讲法是很别致的一种。

三

在世界文学史中,哪些详讲,哪些略讲,要有取舍,有选择。木心的讲法,完全按照自己独特的理解,大开大合,时而浓墨重彩,一咏三叹,时而删繁就简,五畦十步。

木心先生倾心的中国古代文学家,是屈原、陶渊明、李白、杜甫、曹雪芹,思想家是老子,史学家是司马迁。外国文学家中,木心把拜伦称为兄弟,把巴尔扎克和福楼拜称为两个"舅舅",而莎士比亚、歌德、司汤达、屠格涅夫、陀思妥耶夫斯基、波德莱尔、卡夫卡、纪德,都是木心的朋友。思想家中,木心最钟情尼采,也对康德、孟德斯鸠、叔本华、加缪有好感。谈宗教,木心对耶稣有深刻理解。

木心的文学史观,即他对世界文学史的理解和评价,是《文学回忆录》的主体内容。阅读时,我把木心独特的见解、精彩的妙句在书上勾画,准备概括、梳理一下。读后又一想,这么好的书,肯定也有人读了,并写了评论吧。在网上一搜,确实有评价《文学回忆录》的文章。李仲凡的《木心〈文学回忆录〉的文学史新讲法探析》(《陕西教育》2014年第5期),卢惠龙《一个人的文学史——读木心〈文学回忆录〉》(《贵阳文史》2013年第5期),把木心的文学史观作了大致介绍,虽不算全面,但已经说到了。梁文道的那篇序——《文学,局外人的回忆》,也已讲到了。两本"木心纪念专号(文集)",收录的文章就有不少评论《文学回忆录》的。所以,我不必再列举木心的文学史观,只谈自己其他方面的感受。

我把《文学回忆录》当作世界文化史来读，理由有五。

其一，木心的“世界文学史”中，提到的哲学家、哲学思想很多。虽然木心一再强调，他讲《道德经》《查拉图斯特拉如是说》，着眼点是它们的文学价值，但评价和分析时，往往超越文学，讨论的是哲学、思想、世界观，对世界范围内的思想演进轨迹，作出整体判断。如，木心说：“老子是阿波罗式的。冷静关照，光明澄澈。庄子是狄奥尼索斯式的，放浪形骸，郁勃汪洋。”“老子奇特，他主张退、守、弱、柔，这在全世界的思想领域中，独一无二。”“老子的理想世界，全然梦境，是他个人的诗的乌托邦。老子之后，世界背向老子而发展，无论大纲细节，处处与老子的理想相违背。”对孟德斯鸠、伏尔泰、卢梭、狄德罗，木心的论断，不全是作品的文学价值，而是评价整个启蒙运动和理性主义。这样的评价，立论大气，判断准确，丝毫不亚于欧洲思想史专家。木心评论思想史，有不少独特的论断。如：“读欧洲历史，别忘了两种思潮：希伯来思潮、希腊思潮。”“叔本华的悲观主义，尼采的超人哲学，是一种高贵的欣赏品，一种美味的滋补品，但存在主义是实用的救济品。”木心进一步说：“当一种学说、思想出现，人类就想拿来当靠山。”“明于析物力，陋于知人心，这是马克思理论的要害。”这样的论点，是文学史吗？不是。放在世界文化史中，就美不胜收。

其二，木心的“世界文学史”中，提到的史学家、史学著作不少。木心评价史著的文学价值，也着重评论其历史价值。木心说：“司马迁在《史记》中做尽了小动作，因为实在写得好，其他史家奈何不得。”“我完全认同司马迁先生的用心良苦。”

但木心又说："如果司马迁不全持孔丘立场，而用李耳的宇宙观治史，以他的天才，《史记》这才真正伟大。"历史学家克罗齐的观点，木心有赞成也有反对，木心辨析了历史与艺术的关系，提出了自己的见解。

其三，木心的"世界文学史"中，提到的画家、音乐家、雕塑家很多。虽然陈丹青的笔记中"谈音乐"一讲空缺，但木心在其他各讲中，随处提到贝多芬、瓦格纳、勃拉姆斯、米开朗基罗，并进行东西方的对比、古今的对照。

其四，木心的头脑里有一部世界文化史。

先说木心的历史观。例如，木心说："决定20世纪特征的，是1914年的欧战和1917年的俄国革命。这是近代人性破裂的两个基因。欧战是欧洲自渎性的，自己难为自己。革命是一种被蹂躏的残害，对人性而言。"这个判断，对世界史专家不新奇，但对陈丹青他们，对当下的文学青年和非专业人士来说，还是非常精彩的，尤其后一句，吾国的历史学者不敢公开说。

再说木心的文化史观。这里涉及两个层面的判断。大的方面，木心认为：(一)"文化是个大生命，作者的个人生命附着于这个大生命。"木心熟知"文化形态学"，即斯宾格勒创立、汤因比发扬的文化形态史观。木心说："绝句、律句，自齐到唐，到全盛期，渐渐太过成熟而烂。很像生物，会生长、发展、衰老、残败。这就是文化形态学。"把木心仅当成作家和画家，就很难吃透《文学回忆录》。(二)木心说："几乎每个哲学家都要落到自己的陷阱中，拿一个观点去解释一切，就豁边了。""思想是个杠杆，它需要一个支力点。思想求的支力点就是各种主义，靠这些主义为支力点，思想家的杠杆翘了翘——世界如故。”“我以为这个支力点是不存在的。”这是木心对“哲学的社会功能”的看法，很深刻。（三）木心指出：“人类文化的悲哀，是流俗的易传、高雅的失传。”“人类文化糊里糊涂传下来，不是有板有眼的，而是无板无眼的。”表面看，木心是在抬杠，没意思，但细细一想，还是有意思，有道理。（四）木心讲到：“文化，是一个概念，文明，不是一个概念。……文明不能包括科学技术，科学技术高明，不等于文明高明。从前用刀杀人，现在用枪杀人，文明吗？更野蛮。”“文明，应该是指精神道德的高度。文化，应该是指心灵智慧的创造。”文明与文化的关系，学者们纠缠不清，木心的看法虽属一家之言，但既有高度，也有深度。

小的方面（或具体的判断），例如，关于文艺复兴，木心指出：“文艺复兴的可爱，是前可见古人，后可见来者。我们发现了宇宙，又发现了基本粒子。这两大发现，应能产生新的文艺复兴。但科学跑得太快，人文跟不上。”“什么是文艺复兴的精锐？即对生命的兴趣，对生活的兴趣，对人的兴趣。”这是基于世界文化史的判断。关于东西方文化异同，木心指出：“西方一切归于神，中国一切归于自然，我以为两边都落空。”“到欧洲去，不要做旅游者，要做世界文化的观察家和仲裁者。思想的力量，就是仲裁权。”关于文化发展的条件，木心认为：“文艺不需要提倡，也不需要经济起飞，只要一点点自由，就蓬勃生长。”

最后归结一句话，为什么要讲世界文学史？木心说，“文化的第一要义，是广义的整体性”。“如何在这个整体性中取得一个我们自己的制高点。”读过《文学回忆录》的人都有一个共同感受,那就是:木心贯通古今中外,在文学、艺术、思想之间徜徉,游刃有余。为什么?木心脑子里有一部世界文化史,他从世界看中国,又从中国看世界;他从当代回望古代,以古代俯瞰当代。

四

上大学和硕士期间,我多次听过《世界文化史》课程,读过历史学者撰写的《世界文化史》,感到不满意。自己作为大学教师,曾打算开设“世界文化史”课,至今还在计划中。尝试性地讲过“西方古典文明”。西方古典,其实只限于希腊罗马文化(或文明),可以把握,若延伸到中世纪和近现代,扩展到世界各地,就吃不准了。纵向的课程,开设过“西方史学史”,内容仅是西方历史学的演变,着眼于史书编纂和研究方法的变化,属于世界文化史中很具体的方面,并不涵盖“西方文学史”“西方哲学史”“西方艺术史”等大块的内容。关键是,只在谈“西方”,未能谈“东方”,对阿拉伯文化、印度文化、日本文化都略知皮毛,讲不透彻,至于中国文化,不敢碰。开设过“外国历史人物选讲”,涉及面太宽,文学家和艺术家只选一两个,不足以反映世界文化史的信息。

世界文化史是一座富矿,如何探测、取用,是一门大学问。历史学者讲的世界文化史,总是平面的介绍,缺乏深度。若干年的思索之后,我大致明白:要讲好“世界文化史”,关键是要有巧妙的视角,需要找到“支点”。但世界文化纵横欧、亚、非、美、澳，涵盖文学、音乐、雕塑、史学、宗教、哲学、法理，如浩瀚的大海，波卷浪涌，汪洋恣肆，如何把握？而且，文化史上下几千年，详古略今、略古详今，都不能准确反映历史原貌，怎样个讲法？总之，以什么为视角？“支点”在哪里？

读了《文学回忆录》，我才发现，木心的“世界文学史”，可以理解为世界文化的文学史视角，而木心的文学人生和艺术人生本身，就是他的世界文化史的支点。木心吸纳世界文学、艺术，不断寻找制高点，自己创作，他的文学作品和艺术作品，连同他的精神生活史，构成世界文学史中不可替代的一个“品种”。木心讲“世界文学史”，他自己在其中。这就是《文学回忆录》的精彩和美妙之处。

悟到了这一点，感到兴奋，但很快又泄气：谁有能耐既打通文学史，又旁及艺术史、思想史呢？谁能在古与今、东与西、述与作、浅与深之间自由自在地来回穿梭呢？做不到。既然达不到也做不到，就老老实实读《文学回忆录》，能吸收多少营养算多少营养。

散步散到美国的东方艺术家

木心被问起为何出国，他说“那是散步散远了的意思”。比木心早几十年，还有一个散步散远了的人，纪伯伦。

木心画画，写作，懂音乐和哲学；纪伯伦（1883—1931 年）是作家、画家，哲学底蕴深厚，也懂音乐。木心赴美，在美国生活 24 年；纪伯伦离开黎巴嫩远走美国，在美国 30 年（上学 3 年；工作 27 年）。纪伯伦的主要作品在美国完成，木心早期作品被毁，公开发表的作品，也是在美国创作完成。木心和纪伯伦都没有婚姻、家庭，没有子女，留给世界的只是文学和绘画作品。了解木心生平，阅读木心的文学作品，我第一感觉是，木心有点像纪伯伦。

不过，木心 55 岁才到美国，79 岁回家乡；纪伯伦 12—15 岁在波士顿读书，19—25 岁、27—48 岁在美国工作（48 岁病逝于纽约）。纪伯伦用母语（阿拉伯语）和英语写作，木心用母语中文方块字写作。阿拉伯“旅美派”有几个写作团体，纪伯伦是领军人物，而木心是单枪匹马。

一

木心讲“世界文学史”时，点评了众多文学家、艺术家，没有提到纪伯伦。陈丹青的课堂笔记缺了一次，莫非在那次课上讲了？看题目，《表现主义、达达主义、超现实主义》，又觉得不可能讲。纪伯伦不属于上述哪个流派。那就是木心真的没讲。

我猜测，木心应该熟悉纪伯伦。第一位翻译介绍纪伯伦的中国人是茅盾，木心家乡乌镇的名人。茅盾在1923年译介纪伯伦作品。木心少年时代阅读茅盾家的藏书。第二位翻译纪伯伦作品的作家是冰心。1931年，冰心翻译的纪伯伦作品《先知》出版。据纪伯伦研究专家伊宏介绍，《世界文学》在1957—1959年发表了7篇纪伯伦作品，1960年国内出版《黎巴嫩短篇小说集》，收录纪伯伦两篇小说。1963年，冰心翻译的纪伯伦名作《沙与沫》部分译文在《世界文学》刊载。所以我估计，木心早年读过纪伯伦的作品。

木心讲课时没提纪伯伦，也许因为世界文学宝库琳琅满目，著名人物灿若群星，木心只能挑选重点来讲，难免遗漏；也许，木心确实不熟悉纪伯伦，或者不感兴趣。纪伯伦的作品属于“阿拉伯侨民文学”，木心在讲世界文学史时，对中世纪的阿拉伯文学有很高评价，对纪伯伦作品应该不会排斥。

说起木心，关键在于他的“出走”。如果不出国，就没有我们今天所知的木心。纪伯伦也一样。纪伯伦12岁（1895年）随家人去美国波士顿，读书3年后，返回贝鲁特，学习本民族的语言和文化。后来，纪伯伦赴巴黎学习绘画。纪伯伦发表作品是 20 岁左右(1902—1903 年),早期作品结集为《泪与笑》,出版较晚(1913 年),第一部正式出版的作品是《音乐短章》(1905 年)。短篇小说集《草原新娘》1906 年发表。23—28 岁(1906—1911 年)是纪伯伦小说创作的高潮,陆续出版小说集《叛逆的灵魂》《折断的翅膀》等。纪伯伦 1910 年返美后,作品以散文诗为主,英文和阿拉伯文作品都有,主要包括:《疯人》(1918 年)、《先驱者》(1920 年)、《暴风集》(1920 年)、《先知》(1923 年)、《珍趣篇》(1923 年)、《沙与沫》(1926 年)、《人与耶稣》(1928 年)等,还创作了诗剧《大地之神》(1931 年)。纪伯伦的文学作品,风格独特,语言清新,想象丰富,情感真挚。

纪伯伦 21 岁开始办画展。他的画以人物画为主。汇集成册的只有《画二十幅》,出版于 1919 年。据估计,纪伯伦一生创作了大约 700 幅画,有油画、水彩画、铅笔画,现保存于黎巴嫩贝什里纪伯伦博物馆大约 450 幅,美国大都会艺术博物馆收藏 5 幅。纪伯伦本人最珍爱的画作是《向着无限》。

后世对纪伯伦的评价是:纪伯伦拥有三个世界:诗的世界、画的世界、心灵的世界。

二

木心和纪伯伦的相似经历,几句话可以说明白,但他们的文学创作,相似之处需要细说。以我粗浅的看法,木心和纪伯伦在表达方式、题材选择、受哲学影响三方面,“共性”较为明显。

(一) 都擅长于散文、诗歌,无体系,有洞见,短章精彩。

李劼评价木心时,有一个巧妙的说法:“木心开屏,美在洞见”(李劼《木心论》)。用散文、诗歌、哲理短章表达，是木心的文学特色。纪伯伦也一样。纪伯伦的散文充满哲思，诗章寓意深远，文字凝练，意境优美。纪伯伦在赴美之前的作品，短篇小说较多，也有中篇小说，但赴美之后，小说创作不多，主要写散文和诗歌。纪伯伦留下大量的哲理诗，被后人当作名言警句。

木心说：“总觉得诗意和哲理之类，是零碎的、断续的、明灭的。多有两万七千行的诗剧，峰峦重叠的逻辑著作，歌德、黑格尔写完了也不累，予一念及此已累得茫无头绪。”因此，木心的长诗、长篇小说都在计划中，未能完成。纪伯伦也不事体系，赞美大自然，观察世间事，常常有感而发，妙语连珠，如浪花点点，美不胜收。纪伯伦写短篇小说，不以情节取胜，不设置人物纠葛，冲突和悬念较少，主要特点是：抒发主人公的心理感受、内在情结，类似歌剧的“咏叹调”(伊宏主编《纪伯伦全集·序》)。

(二) 作品的取材范围、内容具有相似性。

纪伯伦作品题材广泛：有的篇章表现对故土的思念，有的作品表达对自然的歌颂，对个人自由的追求，有的是对社会问题的探讨，或对宗教信仰的思考。纪伯伦作品具有鲜明的时代性、思想性，也具有浓郁的民族情感。例如，《沙与沫》《珍趣篇》表达诗人对大自然的赞美和对社会问题的忧虑；《先知》《人与耶稣》《大地之神》结合历史和宗教题材，表达作者对文化和艺术的理解；《疯人》《暴风集》则充满哲理，寓意深远。

木心的作品题材广泛，思考人生，描摹世情，参透历史，

“涛涛泛泛间”直抒胸臆。木心作品中让人过目难忘的篇目很多，例如，《我纷纷的情欲》中的“科隆之惊”“旗语”“泡沫”“草叶”“芹香子”，《素履之往》中的“庖鱼及宾”“困于葛藟”，《即兴判断》中的“眸子青青”“已凉未寒”“寒砧断续”，《琼美卡随想录》中的“如意”“剑柄”“将醒”“缀之”“俳句”，《爱默生家的恶客》中的“草色”“烟蒂”等。收录于《鱼丽之宴》的“答客问”，主题是文学和艺术，但谈及人生体验，在我看来，句句精彩，耐咀嚼，百读不厌。

木心早年被毁的书，侥幸有 20 本的书名还在。这 20 本中，小说有 9 本，如《临街的窗子》《夏狄的赦免》等；散文 1 本，题为《凡伦街十五号》（百篇集）；诗集有 4 本，如《如烟之姿》《十字架之半》等；剧本《进来吧，主角》；旧体诗词《玉山赢寒楼烬余录》。这些书名，让我们看到木心写作的题材范围、不同凡响的选题立意。

木心和纪伯伦的题材，都涉及大海、沙滩、流浪者、植物、小动物。纪伯伦文章的题目，一类涉及异域地名，如“扎德之地”“有高柱的伊拉姆城”“在圣殿的台阶上”“往昔之城”，一类和历史有关，如“隐居的先知”“世纪的灰与永恒的火”“墓地的呼声”。有的一听名称就觉得很独特，如“草叶如是说”“在我的孤独之外”“雄心勃勃的紫罗兰”“岸边一捧沙”“国王与牧人”。木心的文章题目，涉及异域地名的，如：“波尔多的钟声”“圣彼得堡复名”“从薄伽丘的后园望去”“普林斯顿的夏天”“罗马停云”“维苏威烬馀录”。其他独特的题目，如作为书名的“西班牙的三棵树”“温莎墓园日记”“哥伦比亚的倒影”。木心《云雀叫了一整天》中的“乙辑”,《琼美卡随想录》中的“风言”“嘛语”,从体例和样式看,与纪伯伦的《沙与沫》相似。

（三）都有哲学底蕴,喜欢尼采等哲学家并深受其影响。

纪伯伦和木心一样,都喜欢尼采。纪伯伦阅读尼采的作品,被尼采的哲学和散文体的表达方式所吸引。纪伯伦直接谈尼采的篇目,我们知之甚少。因为,国内能见到的纪伯伦全集,只是文学作品和书信,没有收录文论和演讲。木心说:“尼采,我一跟到底。罗曼·罗兰、高尔基这类,包括纪德,早就分手了,有时还要‘批判’他们。”“说尼采是哲学家,太简单了。我以为他是:一个艺术家在竭力思考。我常想:尼采,跑出哲学来吧。”木心还说,“我与尼采的关系,像庄周与蝴蝶的关系。他是我精神上的情人”。在另一处,木心讲到他“对尼采旧情复燃,又发作了”。

三

纪伯伦是孤独的。他说:“才华横溢的人都是不幸的,尽管他们精神高贵,可那精神总是蒙着一层泪水。”纪伯伦在文章中表露:“在这个世界上,我是个异乡人。”“只有在孤独陪伴我时,我才感到幸福。”在译者冰心看来,创作《先知》的纪伯伦更像一个饱经沧桑的老人,对年轻人讲一些处世为人的哲理,在平静中流露出淡淡的悲凉(《先知》新译本序,1981年版)。

纪伯伦不愿重复别人的思想和语言,人格独立。木心也是如此。

纪伯伦和木心两人,对“误解”“悲观与乐观”“现代文明的弊端”等有独特的见解,而且,各有各的“独特”。例如,纪伯伦说,“误会也许是两个灵魂间最短的道路”;木心说,“人类的悲剧,是对自身的误解”;“知名度来自误解”,“作品发表后,误解就来了”。纪伯伦说:“我一说就错,是因为我的思想来自剥夺的世界,我的情词来自模仿的世界。”木心说,“我是翻了脸的爱国主义,是转了背的理想主义者。”纪伯伦说,“脱离常轨,或出于疯狂,或出于大智。”木心说,“我喜欢推到极端的偏激的艺术,也喜欢宽容大度的艺术。”纪伯伦说,“乐观主义者只见玫瑰而不见其刺,悲观主义者只盯着刺而不见玫瑰”;木心说,“我是怀着悲伤的眼光,看着不悲伤的事物”;“悲观主义是一个态度,一个勇敢的人的态度”。纪伯伦说,“矫揉造作的羞涩是装饰起来的丑陋”;木心说,“人有那么一种心理,痛悔,内疚,等等,放在心里深思即可。一出声,就俗了,要别人听见——就居心不良”。纪伯伦说,“你不会看透我在大海中蕴孕的思绪,而我也无意让你们看透,我愿独自领略。我与大海同流”。木心说,“每个人要保留一点神秘感,使人不知你。艺术家要保留一份‘神秘感’,保护自己”。

关于创作,纪伯伦说,“创作者并不重视批评家,除非创作者变为不孕者时”。木心批评金圣叹,说他将人家原文肢解鳞割,迁就己意,使读者没有余地。木心说,“艺术上从来没有你死我活,只有你活我活”;“要有天才,不要做大批评家。没有批评家,苦在哪里呢?是直到现在,不是谁好谁坏的问题,而是什么是好什么是不好的问题,都没有弄懂”。“敏于受影响,烈于展个性,是为风格”。

可能由于纪伯伦写作时年轻气盛，而木心是饱经忧患的老者，他们两人在表达同一主题时，也会表现出较大差异。例如，纪伯伦有一篇散文诗："这是杯盏盛放不了的烈性醇酒/岂能去滋润毁谤者的喉咙/这是大海——高潮即我们的沉默/低潮落于我们的笔管中。"(纪伯伦《致敌对者》，收录于《珍趣篇》，伊宏译)。木心的诗："……蓝紫鸢尾花一味梦幻/都相约暗下，暗下/清晰，和蔼，委婉/不知原谅什么/诚觉世事尽可原谅"(木心《杰克逊高地》)。木心的表达，要比纪伯伦深沉、悠远。

纪伯伦早年的文学作品充满忧郁，有的甚至以"哀""怒"为基调。因为，就在纪伯伦开始发表作品的时候，1902—1903年，经受了连续丧失亲人的沉重打击，母亲、哥哥、小妹妹在一年内病逝。纪伯伦自己体弱多病，40多岁已是生理上的老年。相比之下，木心早年的心境是明丽的，从被毁的那20本作品的书名看，作者出手不凡而又立意高远，有创作，有学术，他想要成为大作家、大学者的。灾难是在中年阶段降临的，木心在囚禁中写的文字，读者只能了解字面意思，真正的含义，只有木心自己懂。木心留下的作品，写于晚年，写于国外，创作时"痴心已去"。

四

纪伯伦的同伴和笔友，出名的还有努埃曼、艾布·马迪、米沙勒·迈卢夫，这批作家组建的文学组织，在纽约的名为"笔会"，在巴西圣保罗的叫"安达卢西亚协会"，在阿根廷的叫"文学家协会"。他们成就卓越，构成一道风景——"旅美派"。

纪伯伦丰富的生活阅历,加上个人的毅力、积极进取的品格,在美国自由的环境里,自然会开花结果。况且,从中东地区到美国,纪伯伦的文学素养中,有阿拉伯文化底色,也吸纳了西方文化的养料。纪伯伦家乡黎巴嫩在奥斯曼土耳其人统治之下,经济、文化落后,社会发展缓慢,专制政府限制言论自由,有追求的青年不得不远离故土。纪伯伦到美国,吮吸那里的新鲜空气,获得言论自由和思维空间。木心说:"住要住在美国。美国之美,在野不在朝,在整体不在细节,在利用不在钟情。"纪伯伦对美国的认识,大致也是这样。纪伯伦说:"我选择留在此地,我能创作出我在别的地方创作不出来的作品。"

纪伯伦的文学创作,努力让西方读者了解阿拉伯世界,用世界的眼光看待东西方的历史和现实,不囿于陈见,但有一种明显的倾向,那就是纪伯伦的"使命感"。纪伯伦早年积极参与政治,支持叙利亚、黎巴嫩的解放事业,反抗土耳其人统治。他多次发表政治演说,鼓吹阿拉伯独立,大有"以笔作刀枪"的味道。直到45岁以后,才表示"厌倦了政治,不相信它,不喜欢它"。木心年轻时也上街游行,发传单,但木心后来专注于艺术,看不出有救国的使命感。木心的作品达到的高度,某些方面要超出纪伯伦,至少,木心的洞察力更为敏锐,表达更为深刻。

木心和纪伯伦的差异,把中国一副楹联拆开,就可以概括:木心,删繁就简三秋树;纪伯伦,领异标新二月花。木心晚年有成,已然归于平淡、疏朗;纪伯伦青壮年成名,个性鲜明、蓬勃,但充满忧伤。

曲高和寡的“大国之道”

多年前南京大学陈晓律教授推荐一篇文章让我读，题目是《大国之道：自由主义与民族主义》。其实不是一篇文章，而是《大国》主编高全喜先生的演讲稿。不过，我读完后没留下什么太深的印象。演讲稿的主要内容当时大致看明白了，演讲稿中的一些概念我却似懂非懂。后来忙于作自己的研究，没有再翻看高全喜的这篇演讲稿。最近寻找一份资料时，意外发现高全喜《大国之道：自由主义与民族主义》的打印稿。仔细一看时间是2005年，算来相隔已有9年，谈论“大国”的文稿已是旧文。从网络上的信息看，高全喜先生的研究重点已转移，估计他本人也不会重温这篇旧稿了。

今天重新阅读，发现《大国之道》(略去副标题，下同)脉络清晰，观点明确。《大国之道》分四部分：第一部分是解释“民族主义”和“自由主义”两个概念。高全喜认为，种族层面、文化层面和政治层面的“民族主义”中，成为重要问题的主要是政治层面，即政治认同问题。而政治认同的基点在于建立民族国家，特别是建立什么样的民族国家。关于“自由主义”，高全喜主要辨析了自由主义的两个“面相”，并阐明了它与“民族主义”的关系。第二部分是谈论中国问题。高全喜认为核心是建设宪政国家的问题。第三部分内容是探讨“国家哲学”问题。这里说的“国家哲学”是理论层面的东西，不是策论。高全喜希望自己能逐渐形成一套较为系统的思想。第四部分内容是分析“当前思想领域的状况”。高全喜对当时的各种思想观点大致作梳理后认为，思想领域也是一个市场，与商品市场一样，“大家各自吆喝自己的东西，谁卖得多，谁就是赢家”。

在《大国之道》中，高全喜提到的“国家哲学”是一个宏大的目标。高全喜认为，建设民族国家，在原则层面和制度层面面临很多严峻的问题，“假如没有一套审慎的国家哲学，没有一套比较柔性而且又是比较开放的制度框架，将来是很危险的”。事实是，我们只有意识形态，有各项方针政策，却没有“国家哲学”。所以，高全喜觉得大家应当讨论：国家哲学需要不需要？由谁提供？国家哲学到底是什么？其核心或原则是什么？高全喜概括出两个概念：一、（对外的）“现实的自由主义”，二、（对内的）宪政国家理论——“自由的国家主义”。以此为基本点，构成一个自由、共和宪政的国家哲学的支撑点。

既然《大国之道》是针对《大国》丛刊而谈的，要弄清楚高全喜的“整个构想”，就得粗略看一看《大国》，以及高全喜在其他场合的演讲和文章。

高全喜主持创办的《大国》丛刊，有一个清晰的宗旨：“《大国》意在求索中国作为古老的文明大国，在今天的国际社会中自处及自立于世界之林的道理。”“《大国》旨在瞄准中国现时代所面临的一系列重大问题，以战略性、历史性与人文性为基调，为言说者提供一个多元开放的公共平台，建设性地勾勒他们的所谓宏大叙事。”

《大国》第一期的主题是“大国兴衰与我们的选择”，其中讨论了国家安全利益、国际秩序、宪政民主、经济战略、文化认同、民族主义等问题。第二期的主题是“国家利益”。第三期的主题是“国家战略”。第四期着重研究“民生问题”。高全喜还撰有《〈大国〉的学术诉求》《从〈大国〉到〈大观〉——我们的编辑理念》等访谈。在不同的文章（如《论国家利益》）、不同的场合，高全喜所表达的观点概括起来有这样一些：其一，时代呼唤理论，一个发展的大国呼唤自己的大战略。其二，应从自己的经验中探索出一条最便于和最适于自己的“大国之道”。其三，大国之道首先在于自立，何以自立，便是道之所在。其四，我们需要构建一种像黑格尔晚年的国家哲学那样的中国的“国家哲学”。“国家哲学”是关于国家建设的学问，其最主要的任务是探讨有关国家建设方面的战略、观念、理想和原理。

不管怎么说，“国家哲学”的构想以及《大国》丛刊的创办，都是大手笔。且不管能不能形成这样一个“国家哲学”，也不管这个“国家哲学”有没有用，这个构想本身就不简单。我们这个时代，做具体某个领域学问的学者越来越多，但思想家似乎还没产生。一方面，学术研究可以获取实实在在的利益，知识分子在小圈子里互相吹捧，拿项目、当评委，风光无限；相反，产生“思想”就很危险。另一方面，经过长期的特色文化熏陶，学者们“坐井观天几十年，画地为牢半辈子”，出名前孜孜以求，成名后连文章中的硬伤都不允许别人说，更何况学术讨论、学术批判！一个学术辩论的正常平台都搭建不起来，如何奢谈形成思想？

高全喜2004年创办的《大国》丛刊出版了四期之后就停了。5年后改版为《大观》。按照主办者的说法，《大观》承续《大国》的栏目格局，增加了《世界观察》栏目，强调“大格局的思考”。不过，我觉得《大观》显得庞杂，不如《大国》那么有质感、有分量。《大国》定位恰当，宗旨高远而厚重，而《大观》要“建立周边世界的常识性认识结构，参与全球格局体系的塑造”，似乎摸不着边际。

高全喜先生在一个场合曾提到，《大国》创刊之初，“多有声气相求之士聚于一堂思考大国问题”，后来思想界“一片嘈杂狂妄之音”，“‘中国崛起’的虚假亢奋遮蔽了思考的眼睛”。这种转变，估计多数人能感觉到。2004—2009年有不少学者谈论“大国”。我记得读过王之明的《最后的大国》、薛涌的《怎样做大国》，还有许知远的多篇文章。薛涌在《怎样做大国》中提出“金融决定大国兴衰”的论点富有新意，我印象很深。后来，学者们从谈论“中国和平崛起”，到谈论“中国模式”，一路热潮，如今争谈“中国梦”。读者、听众的注意力不断转移，不断瞄准新的热点，研究者的注意力也转移，去谈论其他问题了，原来的宏大构想束之高阁。

其实高全喜的构想并不是空中楼阁，因为我们并不缺乏“历史资源”。比如，梁启超在如何提高国民素质、如何立宪等方面早有过思考；胡适在再造文明、建立优良政府等方面已有思考。

难能可贵的是顾准,他思考的问题(“娜拉出走后怎样”),即取得政权之后到底要建立什么样的一个国家,形成什么样子的一个社会?从某种意义上说,我们现在需要的,不是提出新的理论,而是把前辈学者早已提出却没有来得及深化的思想,花一些功夫进行深入探究和补充,使之成为系统思想,变成国家建设的学问。关于中国繁荣富强的道路,梁启超、胡适提出的观点并没有过时。而当代学者的某些“学术创见”,顾准早都思考过。比如,价值规律、市场制度,极“左”“大民主”的危害,民主的前提,国家对现代化的“护驾”作用,一元化的弊端,民粹主义的贻害等等。顾准当年碰到过的问题,有一些仍影响着我们的生活。顾准质疑并探索的问题,仍然需要接着探索,继续思考。在这个意义上,高全喜的构想和他作出的努力显得非常可贵。

高全喜的《大国之道》让人眼前一亮,随之也有些担忧。高全喜的“国家哲学”还没有形成,即便形成,如果缺少读者群体、听众群体的回应,能得到传播吗?一种思想的形成仅靠思想者自己的努力远远不够,还要看能否从社会上得到思想回应。在当下,即便是那些有追求的学者,也在忙于往政府“智库”里挤,在撰写“治安策”“平戎策”,似乎只有建言献策才能体现研究工作的价值。有多少学者能“十年磨一剑”,持续探索同一命题?倘若高全喜一直探索“大国之道”,仍在构建“国家哲学”,究竟能引起多少学者的共鸣?对于这样“高深”的学问,不知道能否吸引普通民众的注意力。

(写于2014年)

图书在版编目(CIP)数据

兴废与进退:思古论今集/王三义著.—上海:
上海社会科学院出版社,2017
ISBN 978-7-5520-1934-6

Ⅰ.①兴… Ⅱ.①王… Ⅲ.①世界史-文集 Ⅳ.
①K107-53

中国版本图书馆 CIP 数据核字(2017)第 053920 号

兴废与进退:思古论今集

著　　者:王三义
责任编辑:孙　洁
封面设计:周清华
出版发行:上海社会科学院出版社
　　　　　上海顺昌路 622 号　邮编 200025
　　　　　电话总机 021-63315900　销售热线 021-53063735
　　　　　http://www.sassp.org.cn　E-mail:sassp@sass.org.cn
照　　排:南京理工出版信息技术有限公司
印　　刷:上海新文印刷厂
开　　本:890×1240 毫米　1/32 开
印　　张:9.5
字　　数:186 千字
版　　次:2017 年 4 月第 1 版　2017 年 4 月第 1 次印刷

ISBN 978-7-5520-1934-6/K·390　定价:39.80 元